TRICK 17

ESSEN & TRINKEN

CHRIS IGNATZI

INHALT

VORWORT

Wer in einer Region groß wird, in der das Nationalgericht aus Teigstreifen besteht, die die Oma mit einem Messer von einem Brett in kochendes Wasser schabt, lernt schon früh, dass Essen und Trinken mehr bedeutet, als einfach Nahrung auf den Teller zu bekommen. Es ist zuweilen eine Kunst. Und vielen fällt es ganz schön schwer, später sein eigener Küchenchef zu werden.

Das muss aber gar nicht sein. Denn oft kann man sich mit Kniffen, Tricks und Hacks auf einfache, aber geniale Weise selbst helfen. Mit viel Experimentierfreude, viel Probieren und auch dem einen oder anderen nicht geglückten Versuch haben wir dir in diesem Buch 222 geniale Lifehacks zusammengestellt.

Egal ob Küchennovize, Hobbykoch oder -köchin, leidenschaftlicher Griller oder Biersommelier – hier ist für jeden etwas dabei. Du bekommst Kniffe für den Alltag am Herd, die besten Tricks für die Grillparty mit den Kumpels, viele überraschende Anregungen für ein spontanes Partymenü und natürlich die besten Tipps und Tricks, wie du deine Küche nach all dem so sauber bekommst, wie du sie noch nie gesehen hast.

Viel Spaß, guten Appetit und Prost!

EIN-kaufen UND AUF-bewahren

Bedecke die Schnittkante eines Kuchens mit einer Toastscheibe und fixiere sie mit einem Zahnstocher. So bleibt der angeschnittene Kuchen frisch und trocknet nicht aus.

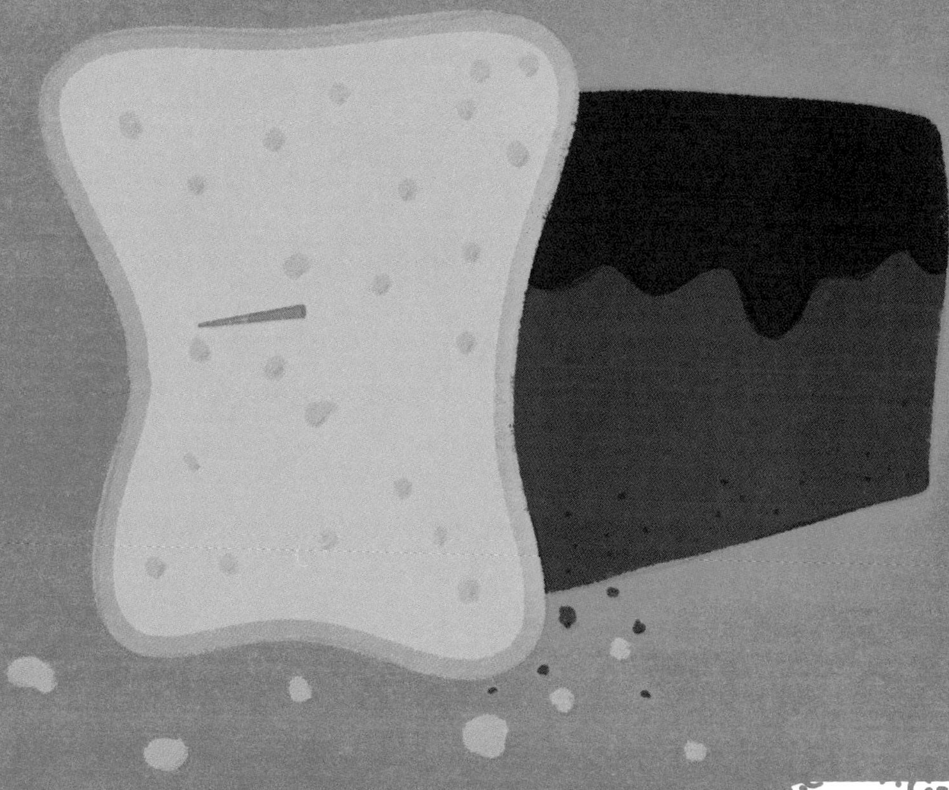

1

330g
160g

Bevor es mit dem Essen und Trinken überhaupt nur ansatzweise losgehen kann, müssen wir natürlich ein paar Besorgungen machen. Und die Sachen, die wir kaufen, fachmännisch verstauen, ist ja logisch. Wie das am besten geht und wie man sich das alles mit ein paar Kniffen erleichtern kann? Das erfährst du in diesem Kapitel – von A wie Ananas bis Z wie Zwiebel.

2

PORTIONSWEISE

Fülle Hackfleisch in eine Plastiktüte und unterteile es vor dem Einfrieren mit einem Schaschlikstäbchen in Portionen. Du kannst sie dann einzeln abschneiden und nach Bedarf auftauen.

Durch die flache Aufbewahrungsweise sparst du außerdem Platz im Gefrierschrank.

3 KONSERVIERTE FRÜCHTCHEN

Lege frische Beeren für einige Minuten in einer Mischung aus einem Drittel Essig und zwei Dritteln Wasser ein. Das macht die Früchte länger haltbar, da die Essigmischung Bakterien tötet, die für die Bildung von Schimmel verantwortlich sind.

Vor der Lagerung solltest du die Beeren trocknen. Am besten funktioniert das mit einem Küchentuch oder einer Salatschleuder.

SCHAUFEL-TRICHTER

1. Spüle eine leere Waschmittelflasche gründlich aus oder reinige sie in der Spülmaschine, bis der Waschmittelduft verschwunden ist.

2. Schneide mit einem Cutter den Henkel der Flasche so ab, dass am oberen Rand eine größere Schaufel entsteht.

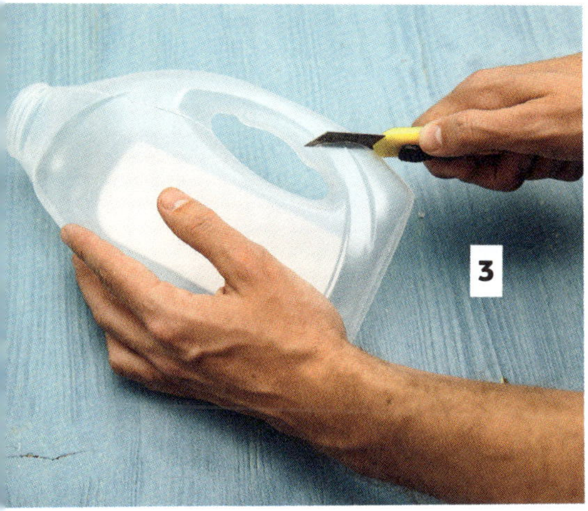

3. Am unteren Rand schneidest du den Henkel so ab, dass du ein dünnes Rohr erhältst.

4. Nun hast du eine Schaufel, die gleichzeitig als Trichter dient.

5. So kannst du beispielsweise Porridge perfekt portionieren.

Wie du selbst Porridge herstellst, erfährst du auf Seite 237.

5

KLUMPENLOS

Streue zwei bis drei Marshmallows in deine Dose mit braunem Zucker. Das bewahrt ihn davor, klumpig zu werden. Die Marshmallows saugen die Feuchtigkeit aus dem Zucker auf.

Wie du Marshmallows wieder weich bekommst, erfährst du auf Seite 205.

Lagere deine Zitronen in einem Einmachglas voller Wasser. Das hält sie für eine längere Zeit frisch.

Der Trick funktioniert natürlich auch mit anderen Zitrusfrüchten wie Orangen oder Limetten.

6 SCHWIMMENDE ZITRONEN

7

EISTÜTE MAL ANDERS

Eis in einer Plastikdose lagerst du am besten im Gefrierfach, indem du eine Plastiktüte darüberstülpst. So bleibt das Eis weich und du musst nicht erst lang warten, bis du es mit dem Eislöffel herausbekommst.

Ist das Eis schon hart, solltest du es im Kühlschrank antauen lassen und nicht draußen.

Befestige das Ende einer aufgeschnittenen Gurke mit einem Zahnstocher wieder auf der Schnittkante. Dadurch trocknet die Gurke nicht aus und bleibt länger frisch.

Gurken sollte man nicht zu kalt lagern – am besten immer im Gemüsefach im Kühlschrank.

8 FRISCHE GURKE

9

EISKAFFEE

Lagere deine Kaffeedose im Gefrierfach. Das kalte Umfeld schützt die Aromen des Kaffees und er bleibt auf diese Weise deutlich länger frisch. Am besten geht das mit ganzen Bohnen.

Bereits gemahlenen Kaffee kannst du auch im Kühlschrank aufbewahren. Das Wasser fließt dann leichter durch das Pulver.

10

ANS EINGEMACHTE

Bekommst du ein Einmachglas nicht auf, stelle es etwa bis zur Hälfte in warmes Wasser und lasse es für einige Minuten stehen.

Du kannst auch heißes Wasser über den Deckel laufen lassen. Dazu solltest du aber Schutzhandschuhe tragen.

11

VOLLES ROHR VORAUS

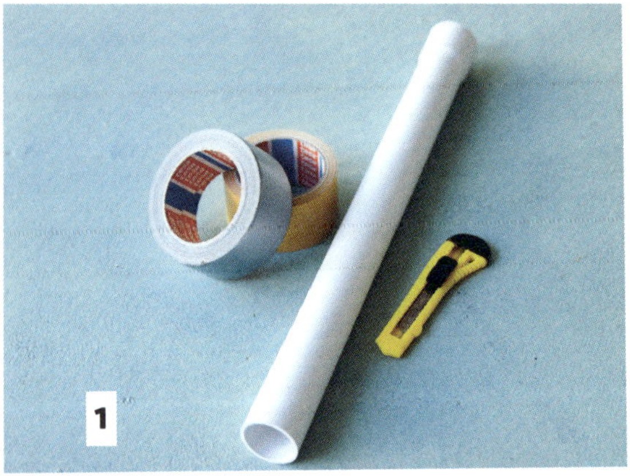

1. Du benötigst ein Rohr, doppelseitiges Klebeband, Gaffa-Tape und einen Cutter.

2. Zerschneide das Rohr in mehrere kurze Teile.

3. Klebe das doppelseitige Klebeband an die Innenseite einer Schranktür und drücke die Rohrstücke daran fest.

4. Fixiere die Rohrstücke mit dem Gaffa-Band.

5. Die Rohre dienen jetzt als Halter für kleine Kasserolen und Pfannen.

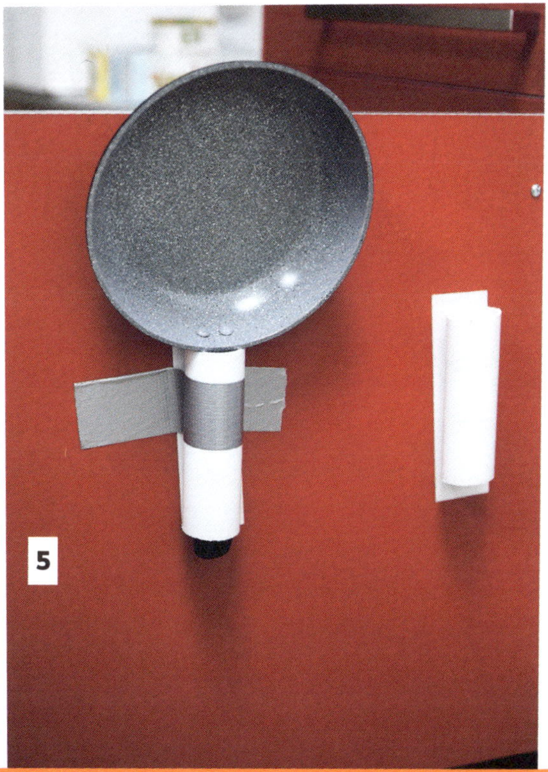

Achte darauf, dass du die Rohre nicht zu weit oben anbringst, sonst geht die Schranktür nicht mehr zu!

12

LUFTDICHT VERPACKT

Gefriergut hält länger, wenn du es in einer Zipper-Gefriertüte für wenige Sekunden in heißes Wasser legst. Wichtig ist, dass der Verschluss noch einen Spalt offen bleibt und an dieser Stelle nicht mit Wasser bedeckt ist.

Alternativ kannst du die Luft aus dem fast geschlossenen Beutel mit einem Strohhalm selbst heraussaugen.

13
SELLERIE-TOAST

Lege eine Stange Sellerie in die Plastikverpackung eines Toastbrots. Dadurch wird es nicht hart und bleibt länger frisch.

Ist das Brot erst einmal hart, kannst du es retten: Wickle es in ein feuchtes Küchenpapier ein und gib es für zehn Sekunden auf hoher Stufe in die Mikrowelle.

14

BAGEL-SPULE

Eine alte CD-Spindel eignet sich hervorragend als Frühstücksbox für Bagels.

Auch super für Donuts geeignet!

Stelle eine Ananas für 30 Minuten mit dem Strunk nach unten in den Gefrierschrank. Das sorgt dafür, dass die Ananas süßer schmeckt.

Wie du aus einem Ananasstrunk eine Ananas züchten kannst, erfährst du auf Seite 238.

15

SÜSSE ANANAS

16

SHOPPING QUEEN

Du bist im Supermarkt und hast mal wieder keine Münze und keinen Chip für den Einkaufswagen? Stecke einen Schlüssel falsch herum in den Verschluss und löse ihn so von der Kette.

Liegt der Schlüssel im Auto, tut's auch eine Haarnadel oder ein Stück Draht. Mit etwas diebischem Geschick findest du den Punkt, der den Einkaufswagen freigibt.

Befestige Gewürz- oder Suppentüten mit Klammern an einer Stange. So kann nichts verschütt gehen und du hast sie immer griffbereit.

Du kannst auch eine Wäscheleine an der Küchenwand entlang aufspannen und mit Wäscheklammern offene Tütchen aufhängen.

17 LET IT HANG

18 VERLÄNGERTE SPARGELSAISON

Spargel bleibt zwei Wochen frisch, wenn du ihn in ein Glas mit Wasser am Boden stellst.

Spargel gibt es in Deutschland nur zwischen April und Mitte Juni. So kannst du die wertvolle Spargelzeit immerhin um einen halben Monat verlängern.

19 BLASEN-WERFER

Um herauszufinden, ob Backpulver noch gut ist, gib ein wenig davon in eine Schüssel mit heißem Wasser. Wenn es Blasen wirft, ist es noch frisch.

Wenn Backpulver nicht feucht wird, hat es so gut wie kein Ablaufdatum.

20 TÜTENSPENDER

Wenn dich dein Plastiktütenchaos nervt, verwandele einfach eine alte Taschentuchbox in einen Tütenspender.

1. Steck eine Plastiktüte in die Box und lasse die Henkel herausstehen.

2. Führe eine weitere Tüte durch die Henkel.

2

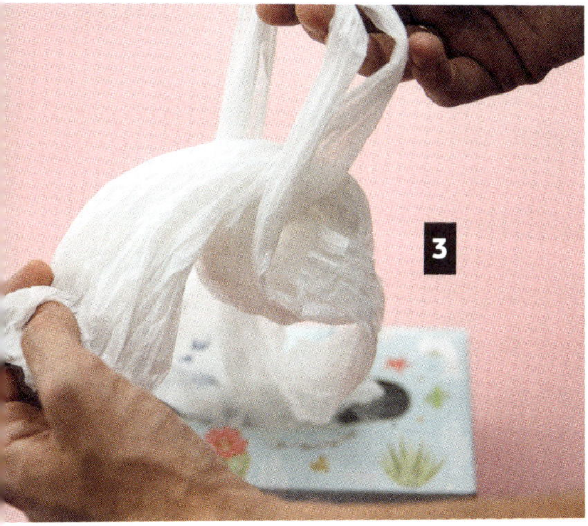

3. Steck das untere Ende der Tüte durch ihre eigenen Henkel, lass die Henkel aber nach oben abstehen. Drück die Tüte nach unten in die Box.

4. Steck die nächste Tüte durch die Henkel und wiederhole Schritt 2–4.

5. Nun kannst du nach Bedarf einzelne Tüten von der Kette nach oben ziehen.

21

GEWÜRZMÜHLE MA(H)L ANDERS

Um Gewürze zu zerkleinern brauchst du nicht unbedingt einen Mörser. Benutze stattdessen eine Kaffeemühle. Auf diese Weise bekommst du feines Gewürzpulver wie vom Markt.

Gewürze schmecken gleich viel besser, wenn du sie erst kurz vor dem Benutzen mahlst.

Saugnäpfe kleben besser an der Wand, wenn du sie mit Eiweiß einreibst, danach fünf Sekunden an die Wand drückst und anschließend eine Stunde trocknen lässt.

So machst du Pfannenwender und Kochlöffel selbst bei Wasserdampf dingfest!

22 EIWEISS-KLEBER

23

SCHNAPS GEGEN SCHIMMEL

Marmelade schimmelt nicht, wenn du ein in Alkohol getränktes Stück Pergamentpapier hineinlegst, bevor du den Deckel schließt.

Wichtig ist beim Selbermachen, dass nicht zu viel Luft zwischen Papier und Deckel ist.

Wenn du Eier für fünf Sekunden in kochendes Wasser legst, bevor du sie nach dem Einkaufen in den Kühlschrank stellst, verdoppelt das ihre Haltbarkeit von drei auf ganze sechs Wochen.

Ob ein Ei noch frisch ist, siehst du, wenn du es in ein Gefäß mit Wasser legst. Schwimmt es oben, solltest du es nicht mehr essen.

24 FRISCH & HALTBAR

25

DOPPELTER ARBEITSPLATZ

1. Du benötigst: zwei Bretter (80 x 30 cm), einen Zollstock, eine Heißklebepistole, eine Säge, einen Hammer, Nägel und eine Gummimatte

1

2

Die Größe der Bretter kannst du natürlich auf deine Bedürfnisse anpassen.

2. Säge eines der Bretter in der Mitte entzwei.

3. Befestige die kürzeren Bretter mit Nägeln am längeren Brett, sodass eine Ablage mit zwei Füßen entsteht.

4. Schneide die Gummimatte so aus, dass du die kurzen Bretter auf der Unterseite gummieren kannst.

5. Bringe mit einer Heißklebepistole die Gummimatte an. Die Extra-Arbeitsfläche kann jetzt nicht mehr verrutschen.

6. Jetzt hast du mit wenig Aufwand doppelt so viel Platz in der Küche.

26

ZWIEBEL-STRUMPF

Zwiebeln bleiben in einer alten Strumpfhose länger haltbar. Verknote diese nach jeder Zwiebel, damit sie sich gegenseitig nicht berühren.

Zwiebeln gehören auf keinen Fall in den Kühlschrank. Am besten lagerst du sie im Keller. Im Dunkeln bleiben sie bis zu sechs Monate lang frisch.

Blase einen Luftballon auf und drücke ihn fest auf die Öffnung eines Einmachglases.
Lass jetzt langsam die Luft entweichen, bis der Ballon das Einmachglas luftdicht verschließt.

Wie du fest verschlossene Einmachgläser wieder aufbekommst, erfährst du auf Seite 19.

27 BALLON-WUNDER

NOTIZEN

AHA!

Viele unterschätzen, wie hilfreich es sein kann, ein Haushaltsbuch zu führen. Einen genauen Plan zu haben – am besten für den ganzen Monat –, erleichtert dir die Einkaufsplanung und hilft dabei, die vorhandenen Lagermöglichkeiten auch sinnvoll auszunutzen. Denn für Stauraum kannst du selbst in der kleinsten Küche problemlos sorgen.

Vor bereiten und zu bereiten

Stelle einen Ventilator auf voller Stufe neben dich, wenn du eine Zwiebel schneidest. Der Wind bläst die Reizpartikel einfach weg und du ersparst dir einige Tränen.

Du kannst die Zwiebel auch unter fließendem Wasser schneiden.

Weiter geht es auf unserer kulinarischen Reise: Jetzt legen wir erst so richtig los. Wenn du dieses Kapitel gelesen hast, wirst du dich vermutlich nie wieder beim Gemüseschnippeln in den Finger schneiden. Dein Teig wird stets fluffig sein. Und selbstverständlich wirst du nur noch den krossesten Bacon zubereiten, den die Welt je gesehen hat.

29

SCHNELLER SPALTER

Nutze einen Apfelschneider, um Kartoffeln in perfekte Wedges zu verwandeln.

Apropos Apfel: Kartoffeln keimen langsamer, wenn man beim Lagern einen Apfel zu den Knollen dazulegt.

Dein Rührei wird besonders cremig, wenn du einen Schuss Sprudelwasser hinzugießt. Die Kohlensäure lockert die Eier auf.

Mit Maisstärke wird das Rührei richtig schön fluffig.

30 LOCKER VOM HOCKER

31 APFEL TO GO

Nimm eine Plastikspritze und schneide die Spitze mit einem Cutter ab.

Entkerne den Apfel mit der Spritze.

Schneide den entkernten Apfel quer in Ringe.

Baue die Apfelscheiben wieder zusammen und fülle den Strunk wieder zurück in den Apfel.

Fixiere den Apfel mit einem Gummiband. So bekommt dein Apfel keine braunen Stellen, bis du ihn zum Lunch verspeist.

32

FLOTTER TRICHTER

Hast du gerade keinen Trichter zur Hand, kannst du dir mit Briefumschlägen helfen: Schneide die linke Seite vertikal ab und entferne von der rechten unteren Ecke des Umschlags ein etwa zwei Zentimeter großes Stück. Wenn du den Umschlag jetzt am großen Ende aufdrückst, hast du einen Trichter.

Wie du einen Trichter aus einer Waschmittelflasche baust, erfährst du auf Seite 12.

Spüle Bacon vor dem Braten mit Wasser ab. Das verhindert, dass er zu stark schrumpft.

Bacon enthält selbst so viel Fett, dass du zum Braten gar kein zusätzliches Öl brauchst.

33 SCHRUMPF-SCHUTZ

34

DEN LÖFFEL GESTRICHEN VOLL

Nutze ein Gummiband als Abstrich-Werkzeug, wenn du einen gestrichenen Kaffeelöffel abmessen willst. Spanne den Gummiring dazu einfach um das Gefäß mit dem Kaffeepulver.

Funktioniert genauso gut mit Zucker, Mehl, Kakao etc.

Benutze eine Plastiktüte als Handschuh beim Chilischneiden, damit deine Finger nicht mit der scharfen Schote in Berührung kommen.

Willst du die Chili nicht komplett verwenden, kannst du die Reste gleich in der Plastiktüte aufbewahren.

35 CHILI-HANDSCHUH

36

GESCHÜTTELT, NICHT GERÜHRT

Verwende eine leere Plastikflasche als Teigmischgerät. Fülle dazu die Zutaten für deinen Crêpe-Teig mithilfe eines Trichters in die Flasche.

Jetzt heißt es: Schütteln, bis der Teig perfekt gemixt ist.

Den fertigen Teig kannst du direkt aus der Flasche in die Pfanne geben und so einfach und sauber portionieren.

Richtig feine Zwiebelscheiben bekommst du ganz einfach mit einem Gemüseschäler hingezaubert.

Um die einzelnen Zwiebelschichten einzeln abzulösen, kannst du sie einfach in eine Schüssel mit Deckel geben und ordentlich schütteln.

37

SCHÄLEN STATT SCHNEIDEN

Bratwürste platzen nicht, wenn du sie vor dem Braten zehn Minuten in heißes Wasser legst.

Statt in Wasser kannst du die Bratwurst auch in Milch einlegen. Köche schwören darauf, dass das eine schöne braune Farbe gibt.

38 HEILE WÜRSTCHEN

39

BLITZ-SCHREDDER

Vorsicht: Die Klingen sind richtig scharf!

Schiebe eine Schraube durch das Loch eines Cuttermessers und fixiere es von beiden Seiten mit einer Mutter.

Lege ein weiteres Messer an der Mutter an und fixiere es wieder von der anderen Seite. Nach vier Cuttermessern ist dein Lauchschredder fertig.

Ziehe nun mit dem Schredder von oben nach unten mehrfach durch die Lauchstange.

Den fein geschredderten Lauch kannst du mit schwarzen Sesamsamen schick als Salat anrichten.

Benutze Zahnseide, um weichen Käse wie etwa Mozzarella zu schneiden. Der Käse ist weich genug, um ihn mit dem Faden präzise zu zerteilen.

Achte darauf, dass du Zahnseide ohne Beschichtung verwendest, sonst schmeckt dein Käse nach Menthol.

40 SAY CHEEESE!

Klebe einen alten Ring oder einen Plastikring auf die Innenseite eines Marmeladenglasdeckels, um damit einen Schnittschutz zu basteln.

Auf diese Weise kannst du Gemüse oder Käse gefahrlos schneiden und arbeitest in der Küche effizienter und schneller.

41 FINGERSCHUTZ

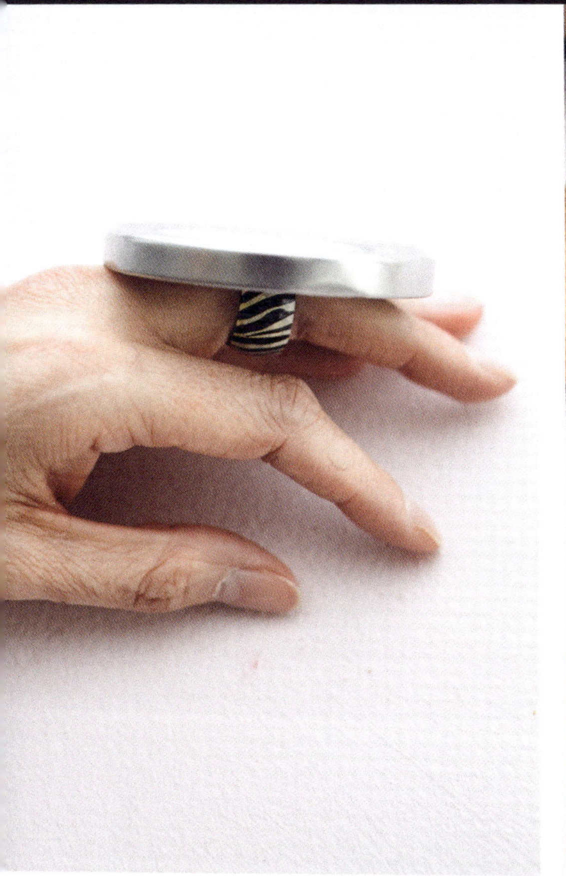

42

KIRSCH-ENTKERNER

Eine Kirsche entkernst du ganz einfach mit einer Büroklammer. Stochere dazu mit dem spitzen Ende der Büroklammer in die Kirsche und fische den Kern heraus.

Wie du bei Erdbeeren den Strunk entfernst, erfährst du auf Seite 90.

Wenn der Quark mal wieder nicht aus dem Becher will, stich einfach mit einem Küchenmesser ein Loch in die Unterseite. Er wird dann wie von selbst und ohne Reste aus der Verpackung gleiten.

Kleine Portionen Müsli oder Fruchtquark kannst du aber auch direkt im Becher zubereiten und dir damit das Abwaschen sparen.

43 ALLES QUARK

44

VOLL IM SAFT

Lege Zitrusfrüchte für 15 Sekunden in die Mikrowelle, bevor du sie aufschneidest und auspresst. So bekommst du deutlich mehr Saft.

Hilft auch: Vor dem Pressen mit etwas Druck über den Tisch rollen.

Kartoffelpuffer kannst du auch ganz einfach in einem Waffeleisen backen.

Ideal auch für gesellige Abende: Du musst nicht ständig zum Ofen rennen, das Waffeleisen steht einfach mitten auf dem Tisch.

45

WAFFELPUFFER

Hast du kein Backpulver zu Hause, kannst du es durch einen Schuss Sprudel ersetzen. Achte nur darauf, dass der Teig nicht zu flüssig wird.

Als Alternative kannst du Rum als Backtriebmittel benutzen. Aber Vorsicht: Nicht zu viel verwenden, sonst gibt's einen beschwipsten Kaffeeklatsch.

46 SPRUDELTEIG

47

BESTÄUBTE FRÜCHTCHEN

Schwenke die Früchte für deinen Kuchen einige Sekunden in Mehl. Dadurch sind sie beim Backen vorm Austrocknen geschützt und bleiben fruchtiger.

Ein weiterer Vorteil: Die Früchte sinken im Teig nicht nach unten, sondern bleiben da, wo du sie haben willst.

48

DRÜCKEBERGER

Eiersalat kannst du ganz einfach machen, indem du die gekochten Eier mit einer Tasse zerdrückst. Die Konsistenz der Drückeier ist dann genau richtig.

Lohnt sich besonders bei großen Mengen, das geht so viel schneller.

49 ABGESCHABT

Wenn du keinen Schäler zur Hand hast, bekommst du die Schale einer Ingwerknolle ganz einfach mit dem Löffel ab. Das ist einfacher als mit einem Messer und du schneidest nicht so viel der wertvollen Wurzel ab.

Wirf die Schale nicht weg, sondern koche dir einen leckeren Ingwertee daraus!

50
REISKALT

Bereits gekochten Reis bekommst du in der Mikrowelle besser hin, wenn du einen Eiswürfel in die Mitte legst und den Reis dann aufwärmst.

Schmeckt wie frisch gekocht!

Nutze bei kleineren Gerichten wie Ragout Fin & Co. einfach einen Kaffeefilter als Abdeckung in der Mikrowelle.

Der Filter hat den Vorteil, dass er im Gegensatz zu einem Teller nicht heiß wird.

51

KALTER FILTER

52

ALLES KLAR!

Für Ghee, also geklärte Butter benötigst du 500 Gramm Butter, einen Topf, ein Küchenthermometer, eine Schüssel, ein Küchentuch und ein Einmachglas.

Erhitze die Butter bei niedriger Stufe auf 100 Grad. Wenn die Temperatur erreicht ist, stelle den Herd auf die niedrigste Stufe.

Ghee eignet sich besser zum Braten als Butter, weil es sich auf eine höhere Temperatur erhitzen lässt.

Lasse die Butter unter Rühren 10 bis 15 Minuten köcheln. Wenn sich Schaum absetzt und sich am Boden eine hellbraune Schicht bildet, ist sie bereit für den nächsten Schritt.

Gieße die Flüssigkeit durch das Küchentuch in die Schüssel.

Die geklärte Butter kannst du nun in ein Einmachglas geben.

Dort hält sie sich auch ungekühlt für mehrere Wochen.

53

FRÜHREIF

Deine Banane ist noch grün hinter den Ohren? Lege sie für 30 bis 40 Minuten bei 150 Grad in den Ofen und sie reift sofort nach.

Die Schale wird außen schwarz und glänzend, aber das Innere ist perfekt für Bananen-Pancakes, Smoothies oder zum Backen.

Orangen lassen sich ganz einfach schälen, wenn du sie für einige Minuten in eine Schüssel mit heißem Wasser legst.

Wie du die Schalen noch verwerten kannst, erfährst du auf Seite 263.

54 ORANGEN SCHÄLEN IM SCHNELLVERFAHREN

55

ALLES IN BUTTER

Für schnelle Notfall-Butter brauchst du: zwei Becher Sahne, einen Mixer, ein Sieb, Küchenrolle, zwei Behälter und eine große Schüssel mit Wasser und Eiswürfeln.

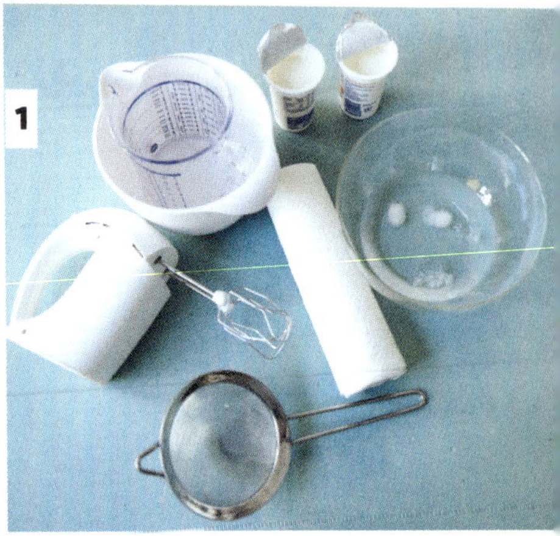

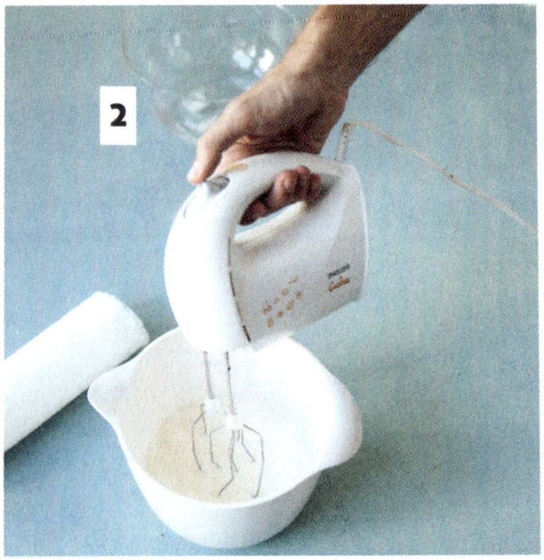

Fülle die Schlagsahne in einen der Behälter und schlage sie mit dem Mixer. Nach einer Weile wird sie steif, du schlägst aber weiter.

Nach etwa 10 bis 20 Minuten haben sich Buttermilch und Butter gebildet. Gieße die Buttermilch durch das Sieb ab.

Drücke die übrig-gebliebene Butter in einem Stück Küchenrolle aus.

Um die Butter von der restlichen Flüssigkeit zu trennen, knetest du sie in Eiswasser, bis eine geschmeidige Masse entsteht.

Die fertige Butter kannst du sofort verwenden.

56

DECKEL TO GO

1

Mit einem großen und zwei kleinen Gummibändern sicherst du einen Topfdeckel so, dass du gefahrlos dein Essen im Topf mitnehmen kannst.

Schlinge ein kleines Gummiband überkreuzt um einen der Topfgriffe und den Deckelgriff.

2

Fixiere den zweiten Topfgriff auf die gleiche Weise.

Zum Schluss schlingst du ein großes Gummiband um beide Griffe und fixierst damit den Deckel bombenfest.

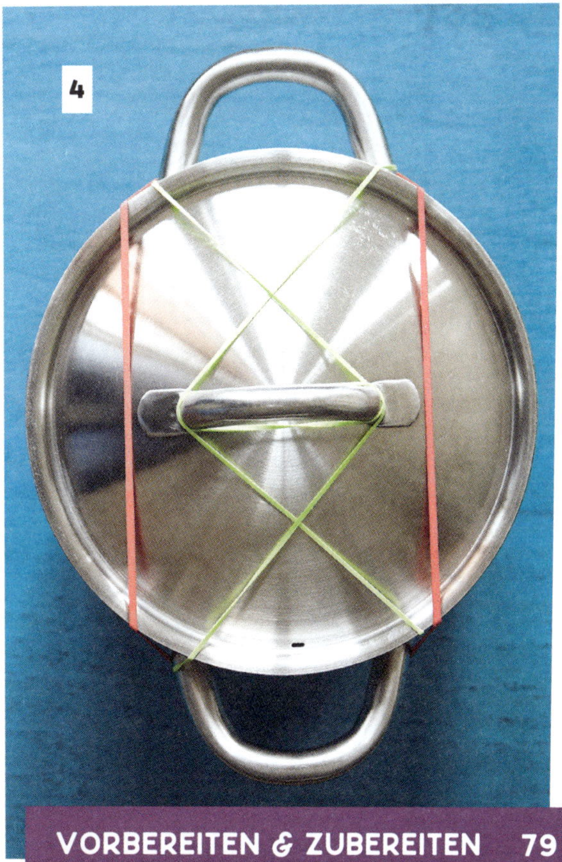

NOTIZEN

AHA!

Eine Mikrowelle darf heute in den meisten Küchen nicht mehr fehlen, denn sie ist nicht nur für den einen oder anderen Lifehack unverzichtbar (siehe Seite 64, 200, 204 oder 216). Und wenn es mal schnell gehen muss, kannst du in ihr sogar einen Kuchen zubereiten: Gib drei Esslöffel Mehl, zwei Esslöffel Zucker, drei Esslöffel Kakaopulver, ein Ei, 30 Gramm flüssige Butter und drei Esslöffel Milch in eine große Tasse, verquirle die Mischung und gib sie für 70 Sekunden bei 1000 Watt in die Mikrowelle – fertig!

ANRICHTEN & auftischen

Nimm einen Lutscher, um heiße Getränke umzurühren. Einen Kakao kannst du so in einen leckeren heißen Kirsch-Schoko-Milchshake verwandeln.

Du kannst die Lutscher auch in der Mikrowelle direkt in die Milch geben. Dann geht es schneller, wenn es dir nur ums Aroma geht.

Wie machen die das nur im Restaurant? Kunstvoll verziert und angerichtet sieht das Essen dort immer aus wie auf dem neuesten Fancy-Foodblog der Instagram-Superköche. Natürlich sind da Profis am Werk, aber glaube mir: Du kannst das auch. Mit den einfachsten Tricks zauberst du in wenigen Minuten die verblüffendsten Tischdekos, rettest einen verbrannten Kuchen und bekommst – als wäre das nicht schon genug – auch noch den Ketchup aus der Glasflasche. Der Hammer!

58

NIE MEHR VERSALZEN

Wenn du Salz- und Pfefferstreuer mit den Unterseiten aneinander reibst, rieselt dein Salz viel gleichmäßiger.

Hilft gegen Übersalzen!

Benutze einen Eisportionierer, um Butterröllchen für den Frühstückstisch anzurichten.

Die dünnen Röllchen lassen sich viel leichter auf die Frühstücksbrötchen streichen, weil sie deutlich schneller weich werden.

59

BUTTER-CUTTER

60

LET'S TACO

Du willst Tacos machen, hast aber nur Tortilla-Fladen? Besprühe sie mit etwas Öl und hänge sie über einen Ofenrost. Nach 10 Minuten bei 200 Grad behalten sie ihre Form und sind fertig zum Befüllen.

Wie du einen Taco ganz einfach befüllen kannst, erfährst du auf Seite 138.

Um Muffins oder Kuchen aufzuhübschen, kannst du einfach ein schönes Blatt drauf legen, das Ganze mit Puderzucker bestäuben – und schon hast du eine tolle Blattdeko!

Keine Muffinform im Haus? Kein Problem, lies einfach Hack 106.

61 BLÄTTERSCHMUCK

62 ERDBEER-HALM

Stecke einen Strohhalm von unten durch eine Erdbeere, um den Strunk zu entfernen.

Da sieht übrigens auch im Cocktail gut aus. Lass die Erdbeere einfach stecken!

Halbiere eine Grapefruit, schneide sie zur Hälfte mit dem Messer ein und biege die Schale dann auf. Jetzt kannst du die Grapefruitspalten ganz einfach herauslösen.

Wie du eine Orange leichter schälst, erfährst du auf Seite 75.

63

AUF BIEGEN UND BRECHEN

64

PISTAZIENBLUME

Du brauchst: eine Heißklebepistole, ein Stück Pappe, eine Schere, viele leere Pistazienschalen, Gold- oder Silberlack.

1

2

Schneide ein rundes Stück Pappe aus.

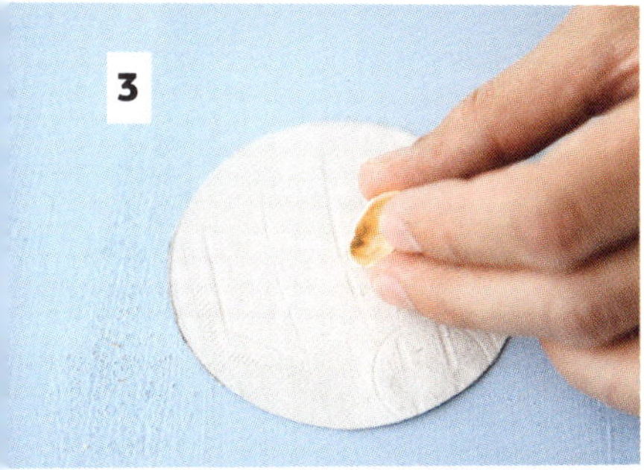

Klebe mit der Heißklebepistole eine erste Pistazienschale in die Mitte der Pappe.

Klebe danach weitere Pistazien kreisförmig um die erste Schale herum.

Ist die Pappe voll, hast du eine Pistazienblume, die du nur noch ansprühen musst.

Die Blume eignet sich hervorragend als Tischdeko.

65 NIE WIEDER KALTER KAFFEE

Dein Kaffee bleibt länger warm, wenn du ihn mit Kaffeesahne trinkst.

Mit dem richtigen Mischverhältnis kannst du 20 Minuten länger an einem schön warmen Kaffee trinken.

Zähes Fleisch wird zarter, wenn du vor dem Zubereiten ein Gläschen Cognac darüber gießt. Vom Alkohol schmeckst du nach dem Braten übrigens nichts mehr.

Lösche das Fleisch nach dem Braten mit Malzbier ab. Das macht es noch zarter.

66 HOCHPROZENTIG ZART

67 KRÜMEL-MONSTER

Zerbrösele deine Lieblingskekse so klein wie möglich, fülle sie in eine Streudose mit großen Löchern und streue sie über ein Dessert wie Vanilleeis, um für eine Extraportion Crunch zu sorgen.

Mit Schokokeksen in den unterschiedlichsten Farben kannst du farbliche Akzente setzen.

Kräuter hackst du am besten auf einem feuchten Holzbrett. Die Feuchtigkeit sorgt dafür, dass die frischen Kräuter ihren Saft besser behalten.

Wenn du gleich die doppelte Portion Kräuter hackst, kannst du den Rest fürs nächste Mal in der Eiswürfelform einfrieren.

68 FEUCHT-FRÖHLICHE KRÄUTER

69

AUGE UM AUGE

Fettaugen bekommst du spielend einfach von der Suppe: Fülle eine Suppenkelle aus Metall mit Eiswürfeln und fahre mit der Unterseite über die Suppenoberfläche. Das Fett bleibt einfach an der Kelle hängen.

Wenn du die Suppe für später vorbereitest, kannst du sie auch im Kühlschrank abkühlen lassen und die festgewordene Fettschicht einfach abnehmen.

Gib beim Blumenkohlkochen einfach eine Zitronenscheibe dazu. Damit behält das Gemüse seine schöne Farbe und wird nicht unappetitlich bräunlich.

Wie du Gemüse wie Blumenkohl und Brokkoli schön knackig kochst, erfährst du auf Seite 108.

70

STRAHLEND REINER BLUMENKOHL

71

REIS AM STIEL

Du brauchst:
Frischhaltefolie, Brett, Sushi-Reis, Löffel, Oliven, Paprika.

1

2

Breite eine Schicht Frischhaltefolie auf der Arbeitsfläche aus und gib einen Klecks Reis darauf.

Lege einen Löffel auf das Reishäufchen.

3

Bedecke den Löffel vollständig mit einer weiteren Portion Reis.

Wickle die Frischhaltefolie so um den Reis, dass ein kompaktes Paket entsteht, drücke es gut an und lasse es für einige Minuten im Kühlschrank ruhen.

Fertig ist der Reis am Stiel, den du jetzt noch mit Oliven und Paprika verzieren kannst.

72 AUF EINEN SCHLAG

Schlage einen Eisbergsalat auf den Tisch, um den Strunk zu entfernen. Er löst sich durch den Aufprall und der Salat liegt ausgebreitet vor dir.

Schneide für kleinere Portionen einfach mit einem Brotmesser so viel ab, wie du benötigst, und bewahre den restlichen Salat im Kühlschrank auf.

Verbrannter Kuchen lässt sich retten, indem du die Kruste abschneidest und den Kuchen mit Kuvertüre überziehst. Sieht aus wie neu und keinem fällt das Malheur auf.

Du kannst die Kruste auch einfach mit einem Gemüseschäler abschaben.

73 VERSTECKTE KRUSTE

74

DRESSING ON ICE

Dressing haftet besser am Salat, wenn du der Mischung einen Eiswürfel hinzufügst.

In einem ausgedienten Marmeladenglas kannst du das Dressing sauber und effizient zusammenmischen.

Leg den Parmesan für deine Pasta für ein paar Stunden ins Gefrierfach. Dadurch lässt er sich besser reiben und er verklebt die Reibe nicht.

Den Käse vor dem Anfrieren in handliche Stücke schneiden, sonst wird es nach einer gefrorenen Kruste schnell wieder schmierig.

75 FROZEN CHEESE

76

REISFÖRMCHEN

Reisportionen misst du am besten mit einer kleinen Schüssel ab. So bleibt der Reis schön in Form und sieht besser aus.

Auch Spaghetti kannst du besonders schön anrichten: Forme sie mit einer Gabel zu Nestern und lege sie so auf den Teller.

77

SUPPEN-
KASPER

Gläser eignen sich hervorragend, um Suppen zu servieren.

Binde ein Tuch um jedes Glas, damit deine Gäste sich nicht die Finger verbrennen, wenn die Suppe noch heiß ist.

78

BROKKOLI-STRAUSS

Stelle Brokkoli wie einen Blumenstrauß senkrecht ins Kochwasser. Auf diese Weise bleiben die Stiele und Blütenknospen gleichermaßen bissfest.

Nutze einen möglichst kleinen Topf, damit der Brokkoli nicht umfällt.

Dein Obstsalat bleibt schön frisch, wenn du die Schüssel in einer größeren Schale auf Eiswürfel stellst.

Wenn du Eiswürfel aus unterschiedlichen Säften benutzt, hast du gleichzeitig eine bunte Deko.

79

EIS-SALAT

80 TOMATENROSE

Für diese Gemüse-Deko benötigst eine große fleischige Tomate und ein Messer.

1

2

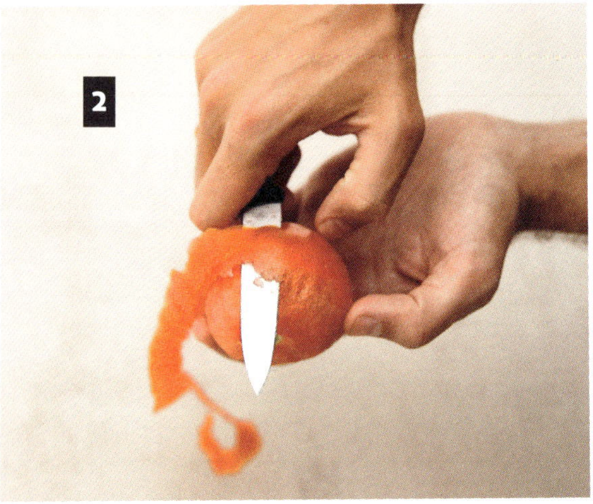

Schäle die Tomate wie einen Apfel und beginne auf der Oberseite.

Schneide ein wenig ins Fruchtfleisch, damit die Schale nicht zu dünn wird.

3

Die Schale muss an einem Strang bleiben. Das ist wichtig, um sie hinterher zu verarbeiten.

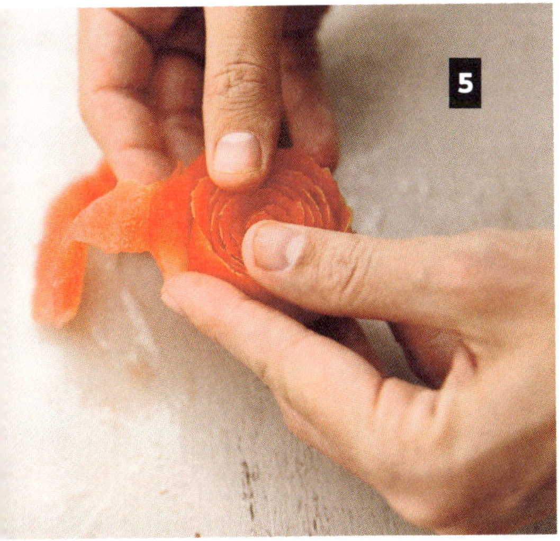

Rolle die abgeschälte Tomatenschale jetzt zu einer Rose zusammen.

Mit ein bisschen Fingerspitzengefühl wird sie zur täuschend echten Tischdeko.

81 ALLES IM FLOW

Wenn der Ketchup mal wieder nicht aus der Glasflasche will, stecke einfach einen Strohhalm in die Flasche. Durch ihn strömt Luft nach unten nach.

Auf den Boden einer Flasche zu klopfen hilft meist nicht. Wenn du es auf die harte Tour probieren willst, solltest du auf den Flaschenhals schlagen. Auch das hilft.

82

WEISS WIE SCHNEE

Schneemänner aus Marshmallows sind ein toller Hingucker für jede Winterparty! Stecke drei Marshmallows mit einem Schaschlickspieß zusammen und befestige zwei kleine Marshmallows mit einem Stück Zahnstocher als Arme. Als Hut dienen eine Lakritzschnecke und eine Zuckerbrombeere. Den Schal bilden Fruchtgummischnüre in Rot-Grün. Zum Schluss malst du noch Gesicht und Knöpfe mit Lebensmittelfarbe und fixierst die Schneemänner mit einem Schaschlikspieß auf einem Soft-Cake.

Du kannst auch weiße Pfeffernüsse als Körper benutzen. Dann werden die Schneemänner bauchiger.

83 MELONENKORB

1

Du brauchst:
Wassermelone, Brett, großes Messer, Melonenausstecher, Schüssel

Schneide zwei Viertel aus der Wassermelone heraus. Lass zwischen den Schnittkanten jeweils etwa drei Zentimeter Platz, damit eine Art Wand in der Mitte übrigbleibt.

2

Schneide das Fruchtfleisch aus der Wand. Du hast jetzt einen Henkel, an dem eine halbe Melone hängt.

Höhle die Melone mit dem Melonen-ausstecher aus …

… und fülle den Melonenkorb mit den Kugeln.

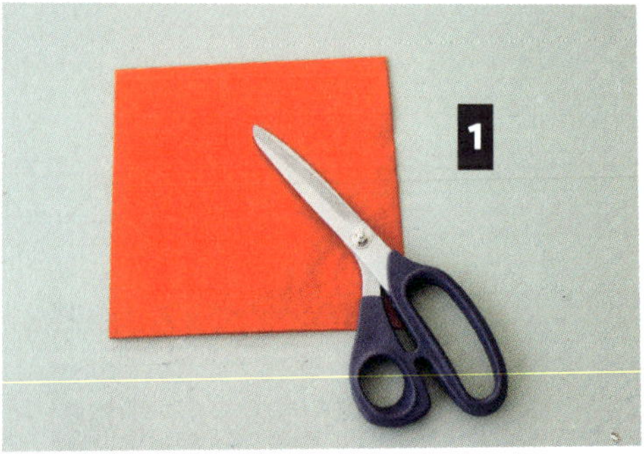

Für diese Papierblume brauchst du lediglich eine farbige Papierserviette und eine Schere.

Schneide einen schmalen Streifen von der Serviette ab.

Öffne die Serviette und falte einen etwa fingerdicken Streifen nach oben.

Drehe die Serviette um und falte in die andere Richtung weiter, bis du am Ende angekommen bist.

Knote die Serviette mit dem Streifen, den du eben abgeschnitten hast, in der Mitte zusammen.

Klappe die Serviette auf beiden Seiten auf.

Zupfe jetzt die einzelnen Schichten der Serviette auseinander und bring sie so in Form.

Fertig ist die Pfingstrose, mit der du deine Festtafel dekorieren kannst.

85

FLOTTES FLECHTWERK

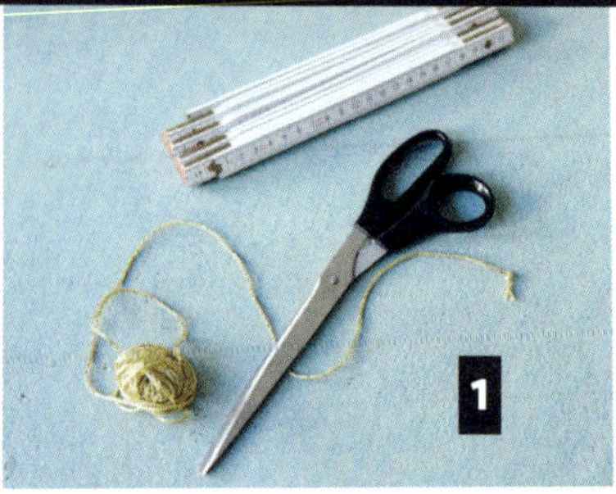

Für einen schnellen aber schicken Serviettenring brauchst du: ein Kordelband in Gold oder Weiß, eine Schere und ein Metermaß.

Schneide drei 80 Zentimeter lange Stücke vom Kordelband ab.

Wickle je drei Kordelstränge dreimal übereinander in deine linke Hand und halte sie mit dem Daumen fest. Etwa 10 cm sollten hinten überstehen.

Nimm den oberen Strang und ziehe ihn unter dem untersten Strang hindurch.

Tausche jetzt den mittleren und den rechten Strang miteinander. Ziehe den ganz links liegenden Strang von links unten durch die Mitte in das entstandene Loch und lege den Strang nach rechts.

Tausche jetzt wieder den linken und den mittleren Strang und fädle den ganz rechten Strang von unten durch die Mitte nach links durch.

Wiederhole diese Schritte immer wieder, bis du am Ende des Strangs angekommen bist.

Verschließe den geflochtenen Ring mit einem doppelten Knoten und schneide die Enden mit einer Schere ab.

Fertig ist der Serviettenring.

NOTIZEN

AHA!

Reis lässt sich wunderbar formen. Egal ob man ihn mit Schälchen zu Reisbergen türmt (Seite 106) oder mithilfe einer Klarsichtfolie einen Reis am Stiel bastelt (Seite 100) – es gibt viele Möglichkeiten, die Beilage auf dem Tisch ansprechender zu gestalten. Ein einfacher Trick sind große Plätzchenformen. Lege sie auf den Teller und drücke den Reis mit einem Löffel in die Form. Fertig sind Reisgemälde, bei denen große und kleine Gäste große Augen machen.

FESTE und Partys

Wenn das große Familienfest zu Ostern steigt, sind Eier die perfekten Platzkarten. Schreib einfach den entsprechenden Namen darauf und stell es im Eierbecher auf den Teller.

Wie du Eier besonders eindrucksvoll verzieren kannst, erfährst du auf Seite 148.

Als guter Gastgeber will man natürlich immer alles perfekt machen. Damit man sich aber neben der ganze Vorbereiterei auch noch auf das Fest freuen kann, müssen Ideen hier, wie man sich das Leben erleichtern kann. In diesem Kapitel lernst du, wie du ohne großen Aufwand die besten Partys schmeißt, über die man noch Wochen später reden wird. Die Grundregel lautet: Das Auge isst mit.

87 BÜGELEIS

Du brauchst:
Gefrierbeutel, Schere, Bügeleisen, Backpapier

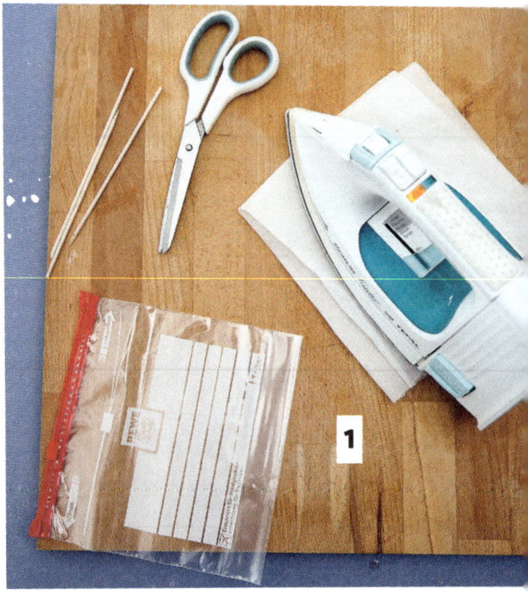

Schneide einen Gefrierbeutel in gleichmäßige Streifen.

Lege je einen der Streifen auf ein Stück Backpapier, schlage es einmal um und bügle die offenen Seiten der Streifen zusammen, damit langgezogene Taschen entstehen.

Fülle jetzt die Beutel mit Cola auf.

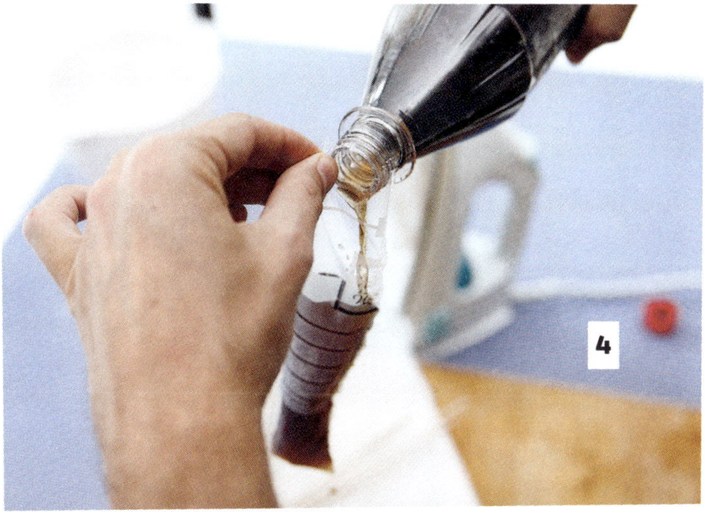

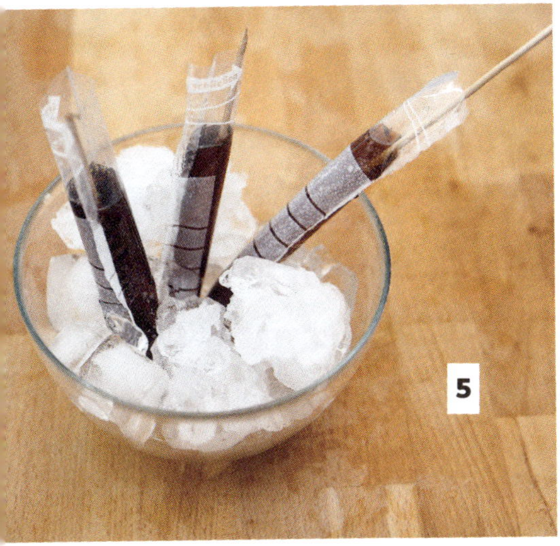

Stecke noch einen Schaschlikspieß in jeden der Beutel.

Nach ein paar Stunden im Gefrierschrank hast du selbstgemachtes Wassereis!

88

VON HERZEN

Bruschetta aus getoastetem Brot, Tomaten, Kräutern und Olivenöl sind ein Klasiker. Mit Plätzchenausstechern sehen sie besonders schön aus.

Wie du Toastbrot schimmelfrei lagerst, erfährst du auf Seite 23.

Ein Muffinblech kannst du nicht nur zum Backen benutzen. Es eignet sich auch super als Getränketablett – so kann nix schiefgehen.

Wie du darin Limetteneiswürfel machst, erfährst du auf Seite 135.

89 VERSCHÜTT-SCHUTZ

90

ROSINEN-SEKT

Wenn Sekt nicht mehr prickelt, kannst du ihn mit Rosinen wieder zum Perlen bringen.

Den Effekt kannst du auch mit anderen Früchten nutzen, die dem Sekt dann auch noch Extra-Geschmack geben. Rhabarber eignet sich dazu gut.

Stecke eine Weinflasche in einen Schuh und schlage sie mit großer Kraft gegen die Wand. Nach wenigen Minuten haben sich Gase entwickelt, die den Korken aus der Flasche drücken.

Unsere Tests haben gezeigt, dass die Hebelwirkung wichtig ist. Mach also nicht viele kleine Schläge mit der Flasche, sondern hole vor allem weit aus.

91 MIT HAND UND FUSS

Stell ein Weinglas mit einem Dip in eine Schale und streue danach Tortillachips drum herum – jetzt hast du die perfekte Snack-Kombination.

Streu noch Käse auf die Tortillachips und stelle das Ganze für ein paar Minuten in den heißen Ofen. Käsenachos mit warmer Soße!

92 ALL-IN-ONE-SNACK

Koche Spaghetti, bis sie fast al dente sind, und fülle nach dem Abkühlen mehrere Portionen in Gefrierbeutel mit Lebensmittelfarben. Jetzt noch gut durchschütteln, ein paar Minuten einziehen lassen und kurz warm machen.

Wenn du die Nudeln nur zum Basteln verwenden willst, kannst du dir das Kochen sparen und nutzt stattdessen etwas Spiritus.

93 KUNTERBUNTE NUDELN

94
MELONEN-SPALTEREI

Eine Wassermelone kannst du ganz einfach mit einer Fünf-Cent-Münze zerteilen. Drücke die Münze in die Melone, um sie anzuknacksen, und ziehe dann eine Rille rund um die Melone. Mit einem gezielten Schlag auf die Sollbruchstelle bringst du die Melone zielsicher zum Zerbersten.

Damit wirst du auf der Party zum Kung-Fu-Star!

Lege eine Limettenscheibe in jede Mulde deiner Muffinform und fülle sie etwa zur Hälfte mit Wasser auf. Nach ein paar Stunden im Gefrierschrank hast du erfrischende Zitrus-Eiswürfel.

Sieht richtig cool aus im Cocktailglas oder im Getränkespender aus Glas!

95 LIMETTE AUF EIS

96

FRUIT-POPS

Um spontan leckere Fruchtspieße zu machen, brauchst du: Melone oder anderes Obst, Kuvertüre, Brett, Messer, Topf, Schüssel, Melonenausstecher und Schaschlikspieße.

1

2

Schneide die Melone oben auf.

Stich mit dem Melonenausstecher Kugeln aus dem Fruchtfleisch.

3

Spieße nun die Kugeln mit Schaschlikspießen auf.

Schmilz die Kuvertüre im Wasserbad und wende die Fruit-Pops in der flüssigen Schokolade.

Kurz fest werden lassen – lecker!

97

TACOSTÄNDER

Fädle eine Tacoshell so in eine Gabel, dass sie ihn fixiert – ähnlich wie ein Fahrradständer. So kannst du den Taco viel leichter bauen.

Wie du Tacoshells kannst ganz einfach selber machst, erfährst du auf Seite 88.

Wenn du nach einer durchzechten Nacht Magenprobleme hast, löse einfach zwei Messerspitzen Natron in einer Tasse Wasser auf und trink das Gemisch. Es neutralisiert die Säure und wirkt wahre Wunder.

Kaffee und Kopfschmerztabletten solltest du meiden – das reizt den Magen nur zusätzlich.

98 KATERKILLER

99

SCHOKO-FÖRMCHEN

Fülle Muffinförmchen mit Kuvertüre aus und lasse sie in mehreren Schichten auskühlen. Die Schokoladenschälchen kannst du für Desserts oder süße Snacks verwenden.

Stelle die fertigen Förmchen für ein paar Stunden in den Gefrierschrank, dann kannst du das Papier besser ablösen.

100 MAKE-UP FÜRS ANSTOSSEN

Mit Nagellackresten in Gold oder Silber kannst du deine Sektgläser spontan für Silvester aufpimpen.

Die Verzierung ist dauerhaft, nimm also nicht unbedingt deine teuersten Gläser dafür.

101

SPRITZIGE PARTYSPIESSE

Schneide das Ende einer Plastik-Spritze mit einem Cutter ab.

Stich jetzt abwechselnd Toastbrot, Wurst, Käse und Gurken aus, um einen Snack-Turm herzustellen.

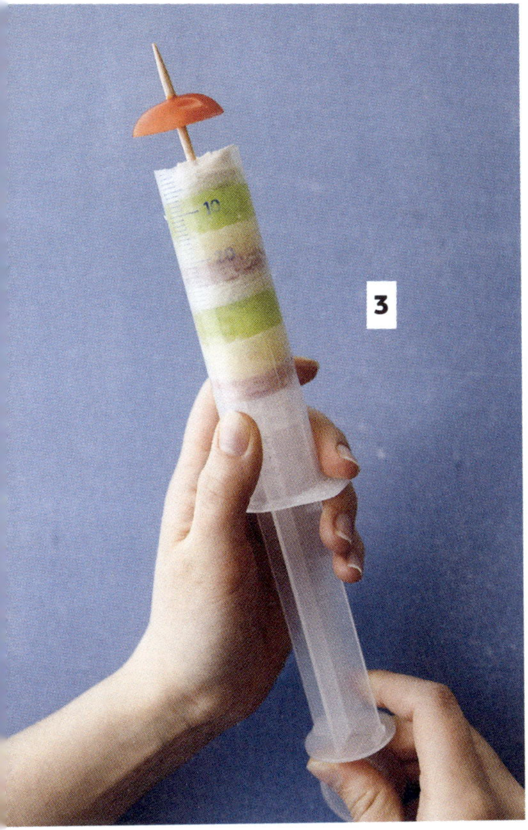

3

Zum Schluss kommt noch ein Zahnstocher in den Turm, bevor du ihn ganz leicht aus der Spritze drücken kannst.

Die Schichten kannst du variieren, wie du willst.

4

102 TÜTENTACO

Tacos essen wird schnell zur großen Sauerei. Willst du das vermeiden oder hast du einfach keine Tacoshells da, kannst du alle Taco-Zutaten wie Hackfleisch, Kidney-Bohnen und Tomaten in eine halbvolle Tortilla-Chipstüte geben und den Tütentaco mit einer Gabel essen.

Mit Chips der unterschiedlichsten Geschmacksrichtungen kannst du immer wieder neue Varianten erfinden.

103

EINE KUGEL MUFFIN

Muffinteig portionierst du am besten mit einem Eisportionierer. So geht es sauber, schnell und gleichmäßig.

Noch besser und schneller funktioniert ein Eislöffel, der einen Hebel besitzt, der den Teig aus dem Löffel drückt.

EIER-KUCHEN

1

Stich an der Ober- und der Unterseite mit einer Nadel ein Loch ins Ei. Du kannst mit einem Spieß nachhelfen, wenn das Loch zu klein ist.

Blase das Ei aus und brich dann vorsichtig vom oberen Loch aus den Rand ab, bis das obere Drittel offen ist.

2

Ein Spritzer von jeder Farbe in einem Ei sorgt für besondere Hingucker.

Rühre nach Wunsch einen Teig an und färbe ihn mit Lebensmittelfarben bunt.

Befülle das Ei zur Hälfte mit dem Teig und backe es ca. 15 Minuten bei 180 Grad.

Fertig sind die Kucheneier.

105

NATÜRLICHE OSTER-DEKO

Ostereier bekommen eine besonders schöne Färbung, wenn du beim Färben Blätter als Schablone benutzt. Lege dazu vor dem Färben ein Blatt auf das Ei und fixiere es mit einer Strumpfhose.

Achte darauf, dass das Ei in der Strumpfhose komplett getrocknet ist, bevor du es aus der Konstruktion befreist, sonst verschmiert das Blätterbild.

Wenn du keine Muffinförmchen im Haus hast, halbiere einfach ein paar Orangen, schneide das Fruchtfleisch heraus und gieße sie zu zwei Dritteln mit Muffinteig voll.

Die fertigen Muffins haben ein herrlich leichtes Orangenaroma.

106 SÜSSSAUER

107

BLITZ-MILCHSHAKE

Friere Milch und zerstoßene Cookies in Eiswürfelformen ein, um eine Grundlage für leckere Milchshakes zu bekommen. Die fertigen Eiswürfel gibst du dann am besten in deinen Eiskaffee.

Statt Cookies kannst du auch Schokoladenstreusel oder Fruchtpüree zusammen mit der Milch einfrieren.

Verziere für deine Halloweenparty doch mal orangene Paprika mit Schnitzgesichtern. Du kannst sie dann mit Reis oder Hackfleisch füllen und als Beilage servieren.

Für den Nachtisch kannst du auch deine Ananas zu einem Gespenstergesicht schnitzen.

108 PAPRIKA-KÜRBIS

109

PINGUIN ZUM ANBEISSEN

Aus einer kleinen Mozzarella-Kugel, halbierten schwarzen Oliven, Karotten und Zahnstochern zum Fixieren kannst du schnell und einfach kleine Pinguine für das Büfett zaubern.

Wenn du die Pinguine noch origineller anrichten willst, baue aus Reis Eisschollen, auf denen du die Pingu-Snacks drapierst.

110 FLOTTE GANS

Schiebe eine leere Piccolo-Sektflasche in eine Weihnachtsgans, bevor du sie in den Ofen gibst. Das verkürzt die Garzeit um 30 Minuten, da die Flasche Wärme von Innen an die Gans abgibt.

Mit dem Sekt kannst du anstelle von Wein eine Sauce für deine Gans anrühren.

111 BIERTISCH-GARNITUR

Binde fünf leere Bierflaschen mit einer Schleife zu einem Gesteck zusammen und stelle Blumen in die Flaschen – die ungewöhnliche Tischdeko macht sich vor allem auf langen Banketten gut.

Spiele mit unterschiedlichen Flaschenfarben wie grün, weiß und braun und stelle dir damit bunte Dekorationen zusammen.

Teile deinen Waffelteig in Schüsselchen in kleine Portionen, die du mit Lebensmittelfarbe in Rot, Grün und Blau färbst. Gib die verschiedenfarbigen Teige nach Lust und Laune mit dem Löffel auf das Waffeleisen.

Je weniger Farbe du nimmst, desto pastelliger wird das Ganze. Mit einem Eigelb weniger werden die Farben schöner.

112 REGENBOGEN-WAFFELN

NOTIZEN

AHA!

Die wichtigsten Feiertage erfordern die einfallsreichsten Tischdekorationen. Egal ob fürs Osterfest (Seiten 122, 148), Weihnachten (Seite 153) oder Geburtstage. Apropos Weihnachten. Genauso wie die essbaren Oster-Platzkarten (Seite 122) kannst du deine Gäste auch zum Fest der Liebe mit einem essbaren Gruß an den Platz führen. Backe einfach Plätzchen in den unterschiedlichsten Formen und schreibe mit Zuckerschrift die Namen der Gäste darauf.

Getränke und GRILLEN

Nimm einen Nussknacker als Hebel, um den Drehverschluss einer Flasche aufzubekommen, der sich partout nicht bewegen lassen will.

Funktioniert auch bei festsitzenden Sektkorken.

113

Es gehört zu den Grundbedürfnissen des modernen Homo Sapiens: Grillen. Denn was gibt es Schöneres, als in freier Natur oder auf dem Balkon ein schönes Stück Fleisch, Käse oder Gemüse zu brutzeln? Ein kühles Getränk ist bei der Grillfeier obligatorisch. In diesem Kapitel erfährst du alles, was du wissen musst, um für den nächsten Sommer perfekt vorbereitet zu sein.

114
FLEISCH-BANANEN

Fleischstücke bleiben saftig, wenn du sie in Bananenschalen eingewickelt auf den Grill legst.

Der Hack kommt aus der asiatischen Küche – du kannst auch Bananenstücke in den Topf geben, wenn du Fleisch kochst.

115 TÜTEN-MARINADE

Um ein Steak von allen Seiten gleichmäßig zu marinieren, gib es in einen Zipperbeutel und schwenke es in der Marinade. Lagere das Paket dann für mehrere Stunden im Kühlschrank.

Noch wirkungsvoller ist es, wenn du das Fleisch nach dem Marinieren in der Marinade einvakuumierst.

116

POPCORN AUS DER DOSE

1

Male mit einem dunklen Edding eine rechteckige Schnittschablone auf eine leere Bierdose.

Schneide nun mit einem Cutter entlang des Strichs die Dose so auf …

2

… dass du sie von unten her leicht aufklappen kannst.

Fülle einen Teelöffel Öl in die Dose und gib eine halbe Hand voll Popcornmais hinein. Stelle die selbstgebaute Popcornmaschine auf den Grill und warte, bis es ploppt!

117

EISBOMBEN

Friere bunte Wasserbomben ein und kühle damit Getränke in einer Wanne oder einem Wäschekorb.

Je nach Deko kannst du von richtig bunt bis understated in Schwarz-Grau variieren!

118

APFEL-WEICHSPÜLER

Zähes Fleisch wird weicher, wenn du es beim Grillen immer wieder mit Apfelsaft aus einer Sprühflasche besprühst.

Der Saft gibt dem Fleisch außerdem ein karamellig-fruchtiges Aroma.

119 FEUERALARM

Nutze einen Eierkarton als Grillanzünder: Stelle ihn in den Grill und gib dann erst die Kohle dazu, die du rund um den Karton und in die Eierfächer drapierst. Zünde den Karton danach auf einer Seite an – fertig!

Noch effektiver grillt es sich, wenn du einen Kamin anfertigst (siehe Hack 134).

Einen leckeren Nachtisch zauberst du auf der Grillparty, indem du eine Banane längs aufschneidest und mit Schokoladenstücken befüllt auf den Grill wirfst.

Du kannst auch noch Marshmallows dazugeben!

120 GRILL-BANANE

Abgestandenes Bier musst du nicht wegkippen. Fülle es in eine Eiswürfelform und kühle damit frisches Bier. So kann es nicht verwässern.

Das funktioniert auch mit anderem Alkohol oder Säften. Probier doch mal Weizenbier mit Bananeneiswürfeln!

121

HOPFEN-EIS

Erhitze 300 ml Milch und 200 ml Sahne in einem Topf. Gib 50 Gramm Zucker, 150 ml Wodka und zwei Packungen Kinderschokolade dazu. Abkühlen lassen, fertig ist der Kinderschokoladenlikör.

Auch ein tolles Mitbringsel zu einer Party!

122

KINDERSCHOKI Ü18

Wenn es mal schnell gehen muss, lass den Wein einfach im Mixer atmen, indem du ihn für einige Sekunden ordentlich durchspülst.

Keine Sorge, der Alkohol verfliegt durch den Prozess nicht und auch der Schaum ist nach kurzer Zeit wieder verschwunden.

123 SCHNELLER ATEM

124
HEISSE EISSCHOKOLADE

Für heiße Schokolade auf Vorrat: Friere Schokolade mit leckeren Gewürzen wie Zimt oder Chili in Eiswürfelformen ein.

Nach Bedarf kannst du die Eiswürfel mit heißer Milch aufgießen.

125

BRANNT-WEIN

Hast du keinen Flaschenöffner zu Hause, kannst du deine Weinflasche auch mit einem Bunsenbrenner öffnen. Erhitze den Flaschenhals so lang, bis der Korken herausspringt.

Vorsicht: Der Flaschenhals wird richtig heiß dabei!

126 BUNTE HINGUCKER

Macht richtig was her im Glas: Mit Blüten bestückte Eiswürfel! Einfach die Blüten abzupfen, in eine Eiswürfelform geben und zu zwei Dritteln mit Wasser auffüllen.

Sieht auch mit ganzen Blüten oder Himbeeren schön aus.

127

RÄUCHEREIS

Stelle eine Schale Wasser bei etwa 80 Grad für eine Stunde in den geschlossenen Smokergrill. Das geräucherte Wasser kannst du mit Rosmarin zu Eiswürfeln gefrieren.

Besonders chillig zu Gin-Cocktails.

Nutze das Ende eines Nudelholzes, um Cocktails zu stoßen und zu mixen.

Du kannst für deine Party auch schon Crushed-Eis vorbereiten und gestoßen im Gefrierschrank aufbewahren.

128 GESTOSSEN, NICHT GERÜHRT

129

HITZEMESSER

Verteile Weißbrotscheiben über den gesamten Grillrost. Du siehst nach wenigen Minuten am Bräunungsgrad, wo der Grill besonders heiß ist.

Jetzt kannst du dein Grillgut, das unterschiedlich schnell durchgart, auf die richtigen Stellen legen.

Ein Stück Klarsichtfolie rettet Wein, der nach Kork schmeckt. Gieße den Wein in einen Dekanter und gib für 10 bis 15 Minuten ein Stück der Folie dazu.

Ist der Korkgeschmack zu stark, kannst du den Wein noch zum Kochen verwenden.

130

VOLL VERKORKT

131

MELONEN-SPENDER

Du brauchst: Wassermelone, Brett, großes Messer, Apfelentkerner, Löffel, Zapfhahn

1

2

Schneide einen Deckel aus der Melone.

Du musst den Zapfhahn fest genug anziehen, damit keine Flüssigkeit auslaufen kann. Zu fest darf es aber auch nicht sein, damit die Melone nicht kaputt geht. Mit ein wenig Übung findest du den richtigen Druck.

Höhle die Frucht mit einem Löffel komplett aus.

Bohre unten mittig mit einem Apfelentkerner ein Loch in die Frucht.

Schiebe einen Zapfhahn durch das Loch und schraube ihn mit der Mutter von innen an.

Jetzt kannst du die Melone mit deinem Lieblingsgetränk füllen und als Getränkespender benutzen.

132

SCHNELLE EISWÜRFEL

Benutze das Innenplastik einer Pralinenschachtel für Eiswürfel. Das geht schneller als in einer Eiswürfelform und du bekommst coole Formen.

Im Winter kannst du auch die Plastikform eines Schoko-Adventskalenders benutzen.

Bowle kühlst du am besten, indem du Eiswürfel in eine Plastiktüte gibst und sie mit einer Wäscheklammer am Rand der Schüssel befestigst. So verwässert sie nicht.

Wie du Getränke dekorativ mit Wasserbomben kühlst, erfährst du auf Seite 166.

133

EISGEKÜHLTE BOWLE

134 FEUER-BOOSTER

Bastle aus Zeitungspapier einen effektiven Grillkamin. Roll dazu einzelne Zeitungsseiten auf etwa zwei Zentimeter dicke Streifen zusammen und schlinge sie locker um eine Weinflasche. Stell den „Papierkamin" auf den Grill und schichte Kohle drum herum auf. Jetzt musst du nur noch die Flasche entfernen und der Grillspaß kann losgehen.

Wickle das Papier nicht zu fest um die Flasche!

Holzspieße zum Grillen kannst du statt in Wasser in Bier, Wein oder Whisky einlegen. Das sorgt für Extra-Aroma beim Grillen.

Die Spieße über Nacht einlegen, damit sie sich voll genug saugen können, um nicht anzubrennen.

135

GESCHMACKVOLLE SPIESSCHEN

136
DOSEN-GRILL

Du brauchst: leere Raviolidose, Taschenmesser, kleiner Grillrost, Kohle

Schneide mit einem massiven Taschenmesser vier Schlitze in die Raviolidose. Lasse unten einen etwa zwei Finger dicken Rand.

Klappe die vier Dosenwände nach unten.

Stich jetzt noch ein paar Luftlöcher in den unteren Rand.

Fülle ein paar Kohlen in die Dose und lege den Grillrost darüber.

Anzünden und los geht's!

137 ORANGENGRILL

Platziere den Fisch auf Orangenscheiben statt direkt auf dem Rost. Dadurch verhinderst du, dass das Grillgut festklebt, und du bekommst ein leckeres Aroma.

Funktioniert auch mit Fleisch!

138 SCHUTZ-SPÜLUNG

Milch brennt beim Kochen nicht an, wenn du den Topf vorher mit kaltem Wasser ausspülst.

Wie du deinen Topf sauber bekommst, falls doch mal was anbrennt, erfährst du auf Seite 278.

139

BURGER-BESTELLZETTEL

Blutig, medium, durch – es gibt so viele Arten, einen Burger zu braten. Und da jeder eine andere Vorliebe hat, musst du dir als Grillmeister einiges merken. Mach es dir leicht und notiere die Bestellungen deiner Gäste auf den Burgerbuns: Ein Ketchupfleck bedeutet blutig, zwei medium und drei durch – so kann nichts mehr schiefgehen.

Ob das Fleisch durch ist, kannst du testen, indem du mit einer Gabel hineinstichst. Dass es dann zu viel Flüssigkeit verliert, ist ein Mythos.

Ziehe ein Kotelett vor dem Grillen durch einen Teller mit Essigwasser. Das sorgt dafür, dass das Fleisch schön saftig wird.

Eine weitere Methode, die Koteletts saftig zuhalten, ist, es in Backpulver zu wenden, bevor es in die Pfanne kommt.

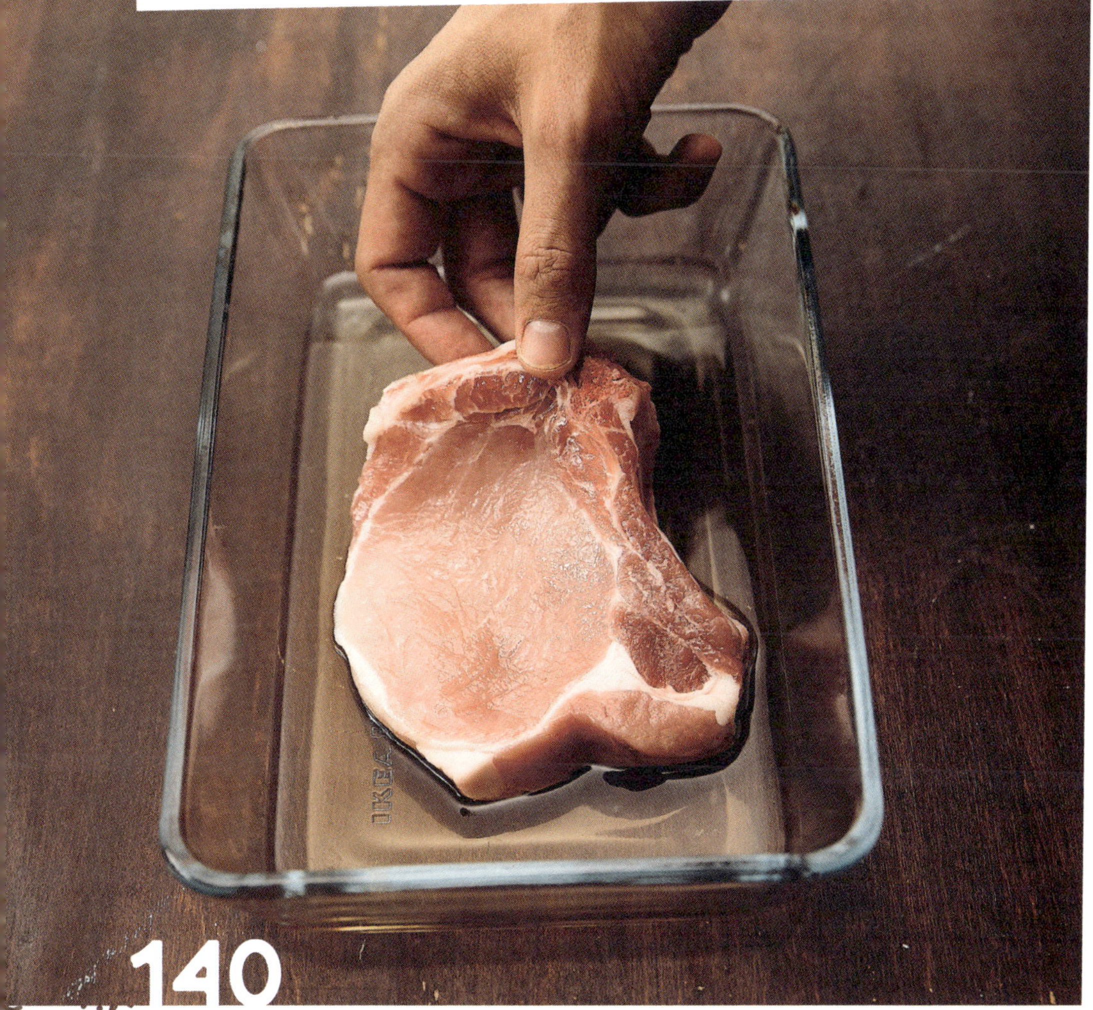

140

SAUER MACHT SAFTIG

141

APFELSIRUP

1. **Du brauchst:**
   die Schalen und Kerngehäuse von etwa dreieinhalb Kilo Äpfeln, einen Liter Wasser, eine Zimtstange, drei Sternanis, 500 Gramm Zucker, eine halbe Zitrone.

2. **Koche die Apfelreste bei hoher Temperatur etwa zehn Minuten lang gemeinsam mit Zimt und Sternanis aus.**

3. **Lasse die Mischung abkühlen und gieße sie über einem Sieb ab.**

4. Mische jetzt den Zucker dazu und koche den Sirup etwa eine halbe Stunde lang ein, bis er eingedickt ist.

5. Jetzt kommt noch der Zitronensaft dazu und du kannst den Sirup in Flaschen füllen.

NOTIZEN

AHA!

Grillfleisch wird sehr oft erst durch einige Tricks zart (siehe Seite 95). Eine einfache Lösung ist aber, es zu marinieren (Seite 163). Wichtig ist, dass das Fleisch komplett und so luftdicht wie möglich von der Marinade bedeckt ist. Dazu kannst du es auch einvakuumieren. Die Faustregel lautet, dass die Marinade pro Tag einen Millimeter weiter in die Poren des Fleisches eindringt. Wenn du also genug Zeit hast, solltest du ein großes Stück über mehrere Tage einlegen.

Spontane Gäste und Single Küche

Benutze eine Kartoffelpresse, um in Sekundenschnelle eine leckere Guacamole zu machen! Limettensaft, Chilipulver, Salz und Knoblauch dazu – fertig.

Den Nachtisch kannst du auch so machen: Presse Vanilleeiscreme zu Spaghettieis!

Ein langer Arbeitstag ist vorbei, endlich Zeit, dich gemütlich zu Hause aufs Sofa zu fläzen, und dann das: es klingelt. Die Nachbarn stehen vor der Tür und laden sich spontan auf ein Gläschen ein. Kein Problem, denn du bist schließlich vorbereitet und weißt, wie du sie spontan kulinarisch bei Laune hältst. Oder etwa nicht? Keine Sorge, in wenigen Augenblicken wird sich diese Frage nicht mehr stellen.

143

SCHNELLES FRÜHSTÜCK

Gib 300 Gramm Himbeeren mit etwas Zucker und Zitronensaft in einer kleinen Schüssel für fünf Minuten in die Mikrowelle. Nach drei Minuten kurz umrühren. Fertig ist die Himbeermarmelade!

Geht genauso gut mit anderen Beeren.

Forme mit einem Löffel Joghurtdrops auf einem Teller und stelle ihn für eine Stunde in den Gefrierschrank.

Mit Honig, Schokoraspeln oder Nüssen kannst du noch ein paar Extra-Akzente setzen.

144

SCHNELLE JOGHURT-DROPS

145

PFANNENKÄSE

Drücke eine Mulde in eine Scheibe Toastbrot.

Lege eine Mozzarellascheibe in die Mulde und eine weitere Toastscheibe darauf.

Nimm ein Glas als Ausstecher, indem du es mit etwas Druck hin und her drehst.

Tunke die Mozzarella-Toast-Scheibe von beiden Seiten erst in verquirltes Ei …

… und wälze sie dann in leicht gesalzenem Paniermehl.

Frittiere jetzt die Scheiben in Öl, bis du mit dem Bräunungsgrad zufrieden bist.

Fertig ist der Backkäse!

146

BLITZ-KARAMELL

Stell eine Schale mit gezuckerter Kondensmilch in eine größere Schale mit Wasser und erhitze das Ganze in der Mikrowelle. Alle paar Minuten umrühren, bis du leckere Karamell-Sauce hast.

Du kannst die Dose auch direkt auf den Herd stellen. Sei aber vorsichtig, sie wird sehr heiß.

Harter Mäusespeck (oder Marshmallows) wird wieder weich, wenn du ihn in einem Gefrierbeutel ein paar Minuten in eine Schüssel mit heißem Wasser legst.

Du kannst harte Marshmallows auch in der Mikrowelle backen. Dann werden sie innen cremig und karamellisieren.

147

FLAUSCHIG-WEICHE MÄUSE

Gib Orangensaft in einen Zipperbeutel und stecke diesen in eine größere Tüte voller Eiswürfel, auf die du etwas Salz kippst. Jetzt heißt es: kräftig schütteln. Nach etwa fünf Minuten hast du Orangen-Sorbet.

Am besten ziehst du bei diesem Hack Handschuhe an. Das schützt dich vor der Kälte.

148

SCHÜTTELFROST

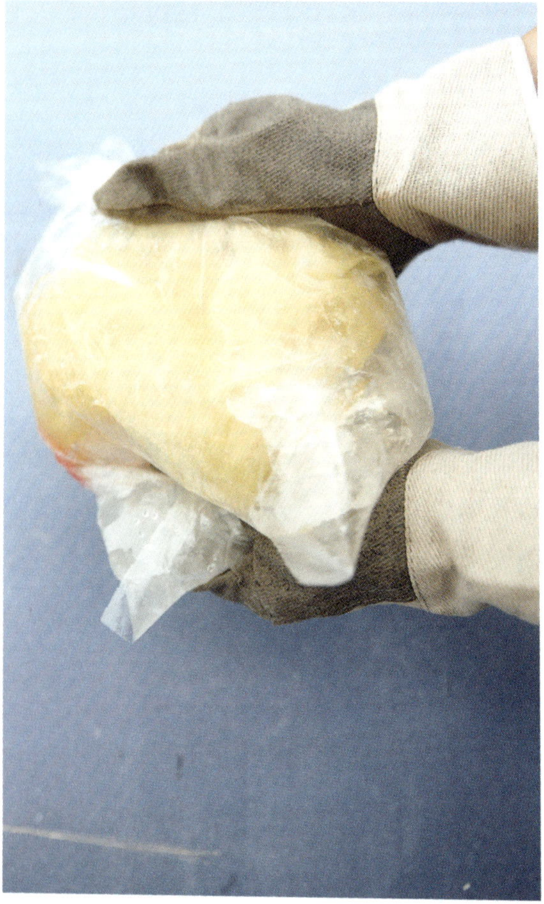

149

DOPPELT GEMOPPELT

Du bekommst zwei Schüsseln gleichzeitig in die Mikrowelle, wenn du eine der beiden auf eine Tasse stellst.

Zwar dauert die Zubereitung etwas länger, aber dafür sind beide Schüsseln gleichzeitig warm.

150

OMELETTE MAL ANDERS

Bereite dein Omelette doch mal in einem Zipperbeutel zu. Einfach alle Zutaten in den Beutel geben, gut verschließen und ca. 15–20 Minuten in kochendes Wasser legen, bis das Omelette gestockt ist.

So brennt nichts an, und schön aussehen tut es auch noch!

Kopfsalat schneidest du am bequemsten mit einer Schere klein.

Das geht auch mit Mozzarella oder Paprika!

151 SCHNIPP SCHNAPP!

152
KÄSE IM SCHLAFROCK

Packe einen Weichkäse in Blätterteig ein, stelle ihn für 15 Minuten in den Backofen und serviere ihn mit einem Klecks Marmelade aus dem Kühlschrank.

Warte nicht zu lang mit dem Servieren, der Käse wird im Teig sonst sehr schnell wieder weich und ist nicht mehr so lecker.

Stich mit einer Pinnadel ein Loch ins Ei. So platzt es beim Kochen nicht auf.

Wie du rohe Eier länger haltbar machst, erfährst du auf Seite 35.

153

PIN-EI

154

PIZZA-TETRIS

Um zwei Pizzen auf einmal in den Ofen zu bekommen, kannst du sie einfach vorher zerschneiden und auf dem Backblech anordnen.

Wie du dein Backblech richtig säuberst, erfährst du auf Seite 283.

Spontaner Brunch, und alle deine Gäste wollen ein Ei? Backe die Eier ganz einfach in einem Muffinblech, da passen alle auf einmal rein.

Bei 160 bis 180 Grad dauert es etwa 30 Minuten, bis die Eier hart sind.

155 OFENEIER

156

SESAM ÖFFNE DICH

Diese hartnäckigen Pistazien wollen mal wieder nicht aufgehen? Kein Problem! Nimm die Schale einer anderen Pistazie und heble die Nuss damit auf.

Wie du aus den Schalen noch Tischdekoration herstellen kannst erfährst du auf Seite 92.

Backe einen schnellen Kuchen mit dem Obst, das dringend weg muss. Rühre zwei Eier, 100 g Mehl und 160 g Zucker zu einem Teig, belege ihn mit den Obstresten und schiebe ihn für 20 Minuten in den Ofen.

Dieser einfache Grundteig eignet sich auch für die Muffins auf Seite 149.

157 SÜSSE RESTE-VERWERTUNG

158

NATRON-HÜLSENFRÜCHTE

Bohnen oder Linsen weichen mit einer Prise Natron in einer Schale komplett mit Wasser bedeckt innerhalb von weniger als einer Stunde auf. Stelle sie für 10 Minuten bei voller Leistung in die Mikrowelle und lasse sie danach 30 bis 40 Minuten stehen.

Linsen kannst du sogar ohne Einweichen kochen, dann ist die Kochzeit aber doppelt so lang.

Gib feingemahlene Haferflocken in deine Soße oder Suppe, um sie zu verdicken.

Die kannst du auch super in der Kaffeemühle mahlen, siehe Hack 21!

159

ACH DU DICKE SUPPE!

160

MOUSSE AU AVOCADO

Du brauchst: eine reife Avocado, Honig, ungesüßten Kakao, Schüssel, Messer, Gabel, Löffel

Schneide die Avocado in kleine Stücke und gib sie in eine Schüssel.

Streue zwei bis drei Esslöffel Kakaopulver auf die Avocadostücke.

Zerdrücke das Gemisch mit einer Gabel so lange, bis eine gleichmäßige Creme entstanden ist.

Süße die Avocadomousse mit Honig oder Agavendicksaft.

Zum Schluss kannst du die Mousse noch mit einer Orangenscheibe garnieren.

161

SPAGHETTI NACH MASS

Miss eine Portion Spaghetti ganz einfach mit der Öffnung einer Ein-Liter-PET-Flasche ab.

Probier doch mal bunte Nudeln (siehe Hack 93).

Wirf Schokostückchen in ein Glas Milch und stelle es in die Mikrowelle, um schnellen Kakao herzustellen.

Noch leckerer ist es, wenn du Schokotrüffel oder Pralinen nimmst.

162
SCHNELLE SCHOKOMILCH

163 REISPFANNE

Du benötigst eine Pfanne, einen Spritzschutz, eine große Schüssel, Wasser und Klebreis.

1

2

Füll die Pfanne bis zum Rand mit Wasser und bringe es zum Kochen.

Weiche währenddessen den Reis in einer Schüssel mit Wasser ein. Wenn das Wasser kocht, lege einen Spritzschutz auf die Pfanne und verteile darauf etwa einen Finger dick den Reis.

Bedecke den Reis mit einer Schüssel und lasse ihn durch den Dampf garen.

Der Sticky Rice ist fertig, wenn die Feuchtigkeit aus dem Dampf ihn durchzogen hat.

164

APPEL ODER EI

Drei Löffel Apfelmus ersetzen ein Ei beim Backen.

Du kannst auch mit einer halben Banane ein Ei im Rezept ersetzen.

Toaste einfach eine Scheibe Süßkartoffel auf höchster Stufe mehrmals im Toaster. Im Gegensatz zu Kartoffeln musst du sie nicht vorkochen.

Belege deine Süßkartoffelscheibe wie ein Toastbrot mit deinem Lieblingsbelag.

165 SÜSSKARTOFFEL-TOAST

166

ALU-KEKS

Falte ein Blatt Alufolie zu einem etwa zwei Zentimeter breiten Streifen und forme daraus einen schnellen Plätzchenausstecher.

Du kannst so auch ganz individuelle Formen herstellen!

167 FLOTTER FISCH

Beträufle ein Fischfilet mit Zitronensaft und gib es bei voller Stufe für 15 Minuten in die Mikrowelle, um den Fisch zu kochen.

Das Kochen in der Mikrowelle funktioniert auch mit Hackfleischbällchen. Nach circa acht Minuten bei 800 Watt sind sie gar und du sparst dir das Fett in der Pfanne.

HOMEMADE CHEESE

Bringe einen Liter Frischmilch zum Kochen. Nimm dann die Milch vom Herd und gib etwa einen Esslöffel Apfelessig dazu.

Rühre die Flüssigkeit eine Minute lang immer wieder sanft durch und lasse sie anschließend einige Minuten stehen.

Gieße die Essigmilch durch ein Küchensieb.

Salze den entstandenen Quark …

… und wickle ihn in ein altes T-Shirt.

Wringe die Flüssigkeit aus dem T-Shirt über dem Topf aus, bis der Käse trocken ist.

7. Leg den Käse im T-Shirt eingewickelt in den Kühlschrank. Nach einigen Stunden ist er fertig.

NOTIZEN

AHA!

Wenn die Gäste vor der Tür stehen und man es partout nicht mehr schafft, etwas vorzubereiten, ist man froh, wenn man etwas im Gefrierfach hat, das man noch schnell zu einem Snack oder Shake weiterverarbeiten kann (siehe Seite 150). Noch besser ist es, wenn du gleich ein richtiges Essen hervorzaubern kannst! Bereite eine Lasagne vor und backe sie ohne Käse für einige Minuten an. Wenn du sie nach dem Einfrieren mit Käse drauf fertigbackst, schmeckt sie wie frisch zubereitet.

NACHHALTIG UND Gesund

Schichte Salatblätter, Feta, Tomaten, Paprika und Bohnen in einem verschließbaren Glas, gib dein Lieblingsdressing darüber, und du hast ein gesundes Essen für die Mittagspause.

Willst du den Salat erst abends essen, nimm das Dressing in einer separaten Box mit.

ST MARTIN
BADEN
MESSO
IN
BOTTIGLIA
RP 384 103
ERBACH

In Deutschland fallen pro Haushalt etwa 460 Kilo Hausmüll an. Und darin landet so einiges, das eigentlich noch nutzbar gewesen wäre. Das ist alles andere als nachhaltig. Mit ein paar kleinen Kniffen kann jeder einzelne dazu beitragen, künftig weniger Müll zu produzieren. Zum Kapitel „Nachhaltig und gesund“ gehört aber auch eine gesündere Ernährung. Und manchmal ist das einfacher, als man denkt.

170

PASTA-STROHHALM

Plastik- oder Papierstrohhalm? Ganz klar: Nudel-Strohhalm! Als kultiges und nachhaltiges Trinkröhrchen kannst du einfach eine lange Makkaroni verwenden.

Ein Marshmallow am Spaghettispieß ist eine super Cocktail-Verzierung!

Gib 400 g Haferflocken, 100 g Leinsamen, 50 g Walnusskerne, 50 g Pistazienkerne, 50 g Mandelkerne, 50 g Quinoa und den Inhalt einer Vanilleschote in einen Mixer, um ein leckeres Porridge herzustellen.

Wenn du jeden Tag zwei Esslöffel des Pulvers in Milch auflöst, kannst du etwa zwei Wochen davon frühstücken.

171 PROTEINBOMBE

172
ANANAS WIE NEU

Entferne die Blätter einer Ananas vorsichtig samt Strunk.

Zupf die unteren Blätter ab.

Lass ruhig etwas Luft zwischen Glaswand und Ananasstrunk, sonst fängt er an zu schimmeln.

Schneide nun das Fruchtfleisch an der Unterseite des Strunks ab.

Stelle die Blätter in ein Glas Wasser. Nach ein paar Wochen wachsen neue Wurzeln, dann kannst du die Ananas an einem warmen Ort in deiner Wohnung einpflanzen.

173
KRÄUTERREIBE

Statt sie lästig abzupfen kannst du einfach die Kräuter durch die Löcher einer Reibe ziehen und schon lösen sich die einzelnen Blätter.

Getrocknete Kräuter kannst du auch in eine Pfeffermühle geben und nach Bedarf mahlen.

Wirf Karottengrün nicht in den Biomüll – du kannst damit Suppen würzen und dekorieren.

In roher Form ähnelt das Karottenkraut Petersilie.

174 SUPPEN-GRÜN

175

APFELRESTE-ESSIG

Gib Apfelreste und Zucker (2 EL pro Kilo) in ein Gefäß und gieße das Ganze mit Wasser auf.

1

2

Decke das Gefäß mit einem sauberen Tuch ab.

Ab und zu umrühren, mit der Zeit entsteht Schaum durch die Gährung.

Nach mehreren Tagen ist der Essiggeruch ausgeprägt. Gieße die Flüssigkeit jetzt durch ein sauberes Tuch ab.

Lass den Essig für weitere vier bis sechs Wochen gären und fülle ihn dann durch ein Sieb in saubere Flaschen.

Lagere deine Lebensmittel richtig, dann halten sie länger:

1. Dunkel und trocken: Diese Lebensmittel gehören in den Küchenschrank.

2. Nicht zu kalt, nicht zu warm: Diese Lebensmittel haben nichts im Kühlschrank und bei Zimmertemperatur verloren. Sie fühlen sich in der kühlen, dunklen Speisekammer wohl.

LÄNGER HALTBAR

3. Luftig frisch: Zwiebeln faulen nicht, wenn du sie in einem Netz lagerst. Oder probier den Strumpfhosenhack auf Seite 38.

4. Bitterkalt: Diese Lebensmittel gehören ins Gemüsefach im Kühlschrank.

5. Eine Handbreit Wasser: Diese Gemüsesorten haben Durst. Lagere sie in einem Glas mit Leitungswasser.

6. Eigenwillige Stärke: Kartoffeln gehören in eine abgedeckte Kiste an einem kühlen, dunklen Ort. Brot lagerst du am besten in einem Brotbeutel oder einem Topf aus unglasierter Keramik oder Ton.

177

WEG ODER NICHT WEG?

Das Mindesthaltbarkeitsdatum auf Produkten ist meistens nur ein Richtwert, wie der Name schon sagt. Das bedeutet in vielen Fällen aber auch, dass sie kurz danach noch gar nicht schlecht sind. Du kannst ganz einfach überprüfen, ob deine Kühlschrankinhalte noch gut sind oder nicht:

Käse: Bildet sich auf Frisch- oder Scheibenkäse ein grünlich-weißgrauer Pelz, solltest du den gesamten Käse wegschmeißen. Die Pilzsporen könnten ihn durchsetzt haben, ohne dass du es siehst. Bei Hartkäse wie Bergkäse oder Parmesan reicht es, den verschimmelten Bereich großzügig abzuschneiden.

Eier: Fülle eine Schüssel oder ein Glas mit Wasser und lege ein Ei rein. Bewegt sich die Unterseite des Eis Richtung Oberfläche, solltest du es nicht mehr essen. Unbedenklich ist es, wenn es auf den Boden sinkt.

Obst und Gemüse, Brot: Wie beim Weichkäse gilt: Wirf das Brot, die Karotte oder den Apfel weg, wenn du auch nur den geringsten Hinweis auf Schimmelsporen entdeckst. Das gilt auch bei Marmeladen.

Konserven: Geschlossene Konserven bleiben oft noch Jahre nach Ablauf des MHD frisch. Achte aber darauf, ob die Dose sich aufbläht. Auch wenn dir beim Öffnen ein ungewöhnlicher Geruch entgegenkommt, solltest du sie wegwerfen.

Milchprodukte: Klares Indiz: Der Joghurtdeckel bläht sich auf, wenn der Inhalt nicht mehr gut ist. Ansonsten achte auf unnatürliche Verfärbungen und einen unangenehmen Geruch oder Geschmack. Saure Milch erkennst du sofort, wenn du nur einmal kurz daran nippst.

Fisch und Fleisch: Fisch-und Fleischprodukte sind die einzigen, die du niemals über das Haltbarkeitsdatum hinaus verwenden solltest. Sie können auch schon davor verderben, wenn du sie nicht richtig gelagert hast. Wirf deshalb alles weg, was schlecht riecht. Graues Fleisch ist dagegen kein Problem. Es verfärbt sich durch Sauerstoff.

178 MEHLFREI

Einfach eine Banane und zwei Eier zu einem fluffigen Teig rühren und zu Pfannkuchen ausbacken.

Schmeckt am besten mit Nuss-Nougat-Creme.

Wenn du zum Beispiel beim Plätzchenbacken mal wieder Eiweiß übrig hast: einfach in der Eiswürfelform einfrieren!

Die Eiweißeiswürfel sind perfekt, um einen Proteinshake aufzupeppen.

179

EIWEISS-WÜRFEL

180 REIFEPRÜFUNG

Ob eine Avocado reif ist, erkennst du am Stamm. Wenn er sich ohne Weiteres ablösen lässt und eine dunkelgrüne Farbe hat, ist sie essreif.

Eine unreife Avocado bekommst du in wenigen Minuten reif, indem du sie in Alufolie wickelst und bei 100 Grad in den Ofen legst.

Brot kannst du in einem Baumwollbeutel einfrieren. Diesen kannst du mehrfach verwenden, und du sparst dir die Plastiktüte.

Lass das Brot nicht länger als ein paar Wochen im Gefrierfach.

181 BEUTELBROT

182

ZEITUNGS-MÜLL

Falte zwei bis drei Zeitungsblätter auseinander.

1

2

Falte die kurze Seite nach innen, damit ein Quadrat entsteht.

Falte das Ganze diagonal, sodass ein Dreieck entsteht.

3

4

Falte eine der spitzen Ecken zur Mitte der gegenüberliegenden Kante.

5

Wende die Tüte und falte sie auf der anderen Seite genauso.

Öffne die Tüte an der verbleibenden 90-Grad-Ecke und stecke die fordere Ecke in das spitze Dreieck.

6

7

Auf der Rückseite machst du es genauso.

Die Biomülltüte ist fertig.

8

183

PERFEKT GEKÜHLT

Bei der Lagerung im Kühlschrank ist es wichtig, dass die Lebensmittel die richtige Temperatur haben. Dann halten sie deutlich länger. Es gibt fünf Kältezonen im Kühlschrank:

Die Tür, 8 Grad: Auch in der Tür gibt es mehrere Bereiche. Ganz unten ist der beste Platz für Getränke und Milch. In die Mitte gehören Soßen wie Ketchup, Senf und Mayo. Im obersten Fach lagerst du Eier und Butter.

Das obere Fach, 8–10 Grad: Das wärmste Fach im Kühlschrank. Hier gehören Lebensmittel hin, die nicht so schnell schlecht werden, also Marmeladen oder das Essen vom Vortag, das du ohnehin bald vertilgst.

Das mittlere Fach, 5 Grad: Schon deutlich kälter ist es in der Mitte. Sie ist deshalb der ideale Platz für Milchprodukte, Käse und Wurst. Aufschnitt bewahrst du am besten in Boxen auf. Das hält frisch und der Geruch wabert nicht durch den Kühlschrank.

Das untere Fach, 2-3 Grad: Jetzt wird's ganz schön frisch. Also der beste Ort für alle schnellverderblichen Lebensmittel wie Fleisch und Fisch. Achte darauf, dass sie nicht an der Hinterwand festfrieren.

Das Gemüsefach, 8-10 Grad: Obst und Gemüse gehören ins Gemüsefach. Hier kannst du auch einen angeschnittenen Salat aufbewahren.

Noch ein paar Tipps:

1. **Mach den Kühlschrank nicht zu voll. Wenn es schön luftig ist, kühlen die Lebensmittel schneller und halten länger.**
2. **Mit drehbaren Tortentellern sorgst du dafür, dass du an alle Dosen und Becher schnell rankommst, ohne alles umzuräumen.**
3. **Achte darauf, dass die Tür immer richtig geschlossen ist, um keine Energie zu verschwenden.**

184

CHEESY-VEGGI-CHIPS

Schneide eine Zucchini in dünne Scheiben, bestreue diese großzügig mit Parmesan und backe sie, bis sie sichtbar Farbe abbekommen haben im Ofen.

Wie du Chips aus Kartoffelresten machen kannst, erfährst du auf Seite 257.

Backe Kartoffelschalen im Ofen zu Chips aus, statt sie wegzuwerfen. Einfach Öl drüber, mit Salz und Pfeffer würzen, 15 Minuten bei 200 Grad – lecker!

Am besten schmecken die Schalenchips, wenn du beim Schälen etwas großzügiger bist und mehr Kartoffel an der Schale lässt.

185 SCHALEN-CHIPS

186

GESCHMACKS-VERSTÄRKER

Gib Parmesan, getrocknete Tomaten und getrocknete Pilze zu gleichen Teilen in den Mixer. Du erhältst eine natürliche Alternative zu chemischen Geschmacksverstärkern.

Das Pulver ist in einem Einmachglas im Kühlschrank für mehrere Wochen haltbar.

187 GESUNDE FRITTEN

Füge dem Frittierfett einen Teelöffel Essig zu. Das Frittiergut saugt dann nicht so viel Fett auf und schmeckt auch noch besser.

Am besten zum Frittieren eignen sich Erdnuss- und Sesamöl.

188

SPÜLI AUS DEM BAUKASTEN

2 Teelöffel Waschsoda, 1 Teelöffel geriebene Kernseife und 1 Teelöffel Sauerstoffbleiche ergeben selbstgemachtes nachhaltiges Spülmaschinenpulver.

Was du gegen Gerüche in der Spülmaschine tun kannst, erfährst du auf Seite 290.

Deine Weinkorken kannst du mit einer Heißklebepistole aneinanderkleben, um einen schicken Topfuntersetzer daraus zu basteln.

Wie du auch ohne Korkenzieher eine Weinflasche aufbekommst, erfährst du auf Seite 131 und Seite 174.

189 COOLE KORKEN

190
SPARGEL-FOND

Wirf Spargelschalen nicht weg, sondern koche sie kurz auf und friere sei dann als Fond für aromatische Suppen und Soßen ein.

Wie du Spargel länger frisch hälst, erfährst du auf Seite 28.

Du hast Orangenschalen übrig? Trockne sie einfach im Ofen und koche anschließend einen Tee daraus.

Achte darauf, dass du nur Bio-Orangen verwendest, die nicht gespritzt sind.

191 ORANGEN-TEE

Tolle Würze: Du kannst Papayakerne im Backofen trocknen, um aus ihnen einen gesünderen Pfefferersatz zu machen.

Du kannst die Kerne entweder zerstoßen oder in einer Pfeffermühle wie normalen Pfeffer verwenden.

192

PAPAYA-PFEFFER

193

JUST DIP IT!

Eine Paprika kannst du super als essbare Dippschale verwenden!

Das funktioniert auch mit Avocadoschalen – so kannst du deine Guacamole gleich stilecht servieren!

194

TOMATEN-ANTIPASTI

Selbst getrocknete Tomaten? Ganz easy: Leg einfach kleine Tomaten für fünf Stunden bei 90 Grad auf eine Schicht Salz in den Ofen!

Effektiver wird es, wenn du einen Kochlöffel in die Ofentür steckst, damit diese einen Spalt offen bleibt und die Feuchtigkeit entweichen kann.

Angebrannter Reis? Einfach in einen anderen Topf umfüllen und für fünf Minuten eine Scheibe Toastbrot darauf legen. Das bindet den angebrannten Geruch.

Wie du den eingebrannten Topf wieder sauber bekommst, erfährst du auf Seite 278 .

195 REISRETTER

NOTIZEN

AHA!

Wenn es schnell gehen muss, hilft es meistens, auf das zurückzugreifen, was gerade im Haus ist. Die Resteverwertung der unterschiedlichsten Lebensmittel ist oft ganz einfach (siehe Seite 215). Woran viele nicht denken: Manchmal kann man auch etwas verwerten, von dem man es gar nicht erwartet. Die Schale einer Bio-Zitrone ist ein solches Beispiel. Wirf sie nicht weg, sondern schneide sie in kleine Streifen und gib sie in deinen Salat, um ihm eine fruchtig-würzige Note zu geben.

Aufräumen und SAUBER-MACHEN

Trinkgläser werden ganz klar, wenn du sie nach dem Spülen mit Zitronenschale oder Salz abreibst.

Anschließend mit kaltem Wasser abspülen und trockenpolieren.

Tafelsalz
FEIN
500 g

Unsere kulinarische Reise neigt sich dem Ende entgegen. Zeit, dass wir uns dem Aufräumen in der Küche widmen. Denn Ordnung ist schließlich das halbe Leben. Wie sich beim Testen der Lifehacks für dieses Kapitel herausgestellt hat, gibt es vor allem zwei Alleskönner beim Saubermachen: Salz und Zitronen. Wer diese beiden Mittelchen zu Hause hat, hat schon die halbe Miete beisammen.

197 DECKELHALTERUNG

Topfdeckel kannst du platzsparend und übersichtlich an Handtuchhaltern an der Wand lagern.

Du kannst die Deckel auch an einzelnen Schrauben an der Wand aufhängen und aus ihnen nebenbei eine Deko machen.

Um unangenehmen Gerüchen in deinen Plastikdosen vorzubeugen, kannst du sie mit zerknülltem Zeitungspapier auffüllen.

Noch schneller geht es mit Kaffeesatz – über Nacht in die Dose füllen, Deckel drauf und einwirken lassen.

198 DUFTE DOSE

199
MADENSCHRECK

Damit du keine Maden im Müll bekommst, kannst du deinen Müllsack innen und außen mit Essig bespritzen.

Wenn es schon zu spät ist, koche einen Esslöffel Pfeffer mit einem Liter Wasser auf und sprühe die Tinktur auf die Maden.

Um dein Holzbrett wieder richtig sauber und duftend zu bekommen, kannst du etwas grobkörniges Salz mit einer halben Zitrone darauf verreiben.

Was du mit Zitronenschalenmachen kannst, erfährst du auf den Seiten 270 und 293.

200 ZITRONENREINIGER

201
KOCHSALZ

Dir ist mal wieder die Milch angebrannt? Fülle den Topf zur Hälfte mit Wasser, gib eine ordentliche Portion Salz dazu und koche das Ganze auf.

Ist der Topf hinterher noch immer nicht sauber, wiederhole die Prozedur, bis sich der Schmutz entfernen lässt.

Um Tupperdosendeckel platzsparend und ordentlich aufzubewahren, kannst du eine Dokumentenablage für den Schreibtisch mit der offenen Seite nach oben an die innere Wand deines Küchenschranks kleben.

Wie du Topfdeckel platzsparend aufbewahrst, erfährst du auf Seite 274.

202 SCHLANK IM SCHRANK

203

TÜTENKLEMMER

Damit deine Mülltüte nicht mehr nach unten rutscht, fixiere einfach einen umgedrehten Klebehaken außen an deinem Mülleimer und hänge die Henkel der Mülltüte ein.

Wenn du den Müllsack jetzt noch mit Essig einsprühst, bist du für alle Eventualitäten gewappnet (siehe Hack 199).

Gib vor dem Braten etwas Salz in die Pfanne. Das erhitzte Fett wird dann weniger spritzen.

Bacon spritzt weniger, wenn du ihn mit einem Schuss Wasser in der Pfanne brätst.

204 SPRITZSCHUTZ

205 WÜRZIGER ABFLUSS

Um Gerüche im Abfluss zu stoppen, streu etwas Zimt hinein und lass ihn kurz einwirken.

Alternativ kannst du auch Backpulver in den Abfluss streuen und eine halbe Tasse Essig nachkippen.

Um dein Backblech gründlich und umweltschonend zu reinigen, kannst du Salz darauf streuen und es für 30 bis 50 Minuten bei 50 Grad im Ofen backen. Danach das Salz abwaschen – wie neu!

Mit Salz kannst du auch Holzbretter saubermachen, siehe Hack 200.

206

BACKBLECH IM SALZMANTEL

207

ABFLUSSKUR

Um eine Abflussverstopfung zu verhindern, gib einmal pro Woche drei Esslöffel Salz in den Abfluss, lass es 15 Minuten einwirken und gieß einen halben Liter kochendes Wasser nach.

Ist der Abfluss erst mal verstopft, kann dir ein einfaches Hausmittel weiterhelfen (siehe Hack 211).

208 ZITRUSGLANZ

Reibe deine Armaturen mit einer halben Zitrone ab und poliere sie mit einem trockenen Tuch nach, um sie wieder wie neu glänzen zu lassen.

Vorsicht: Der oft benutzte Essig ist so scharf, dass er die Armaturen beschädigen kann.

209
SCHMUTZFÄNGER

Benutze einen Tampon dazu, die sonst nur schwer erreichbaren Rillen und Ränder am Küchenfensterrahmen zu putzen.

Sprühe die Fugen vorher mit Wasser aus einer Sprühflasche an, damit du auch hartnäckige Verschmutzungen sauber bekommst.

210 GENERALÜBERHOLUNG

Gib einen Löffel mit Senf in ein sauberes Einmachglas. Er entfernt die Gerüche und das Glas riecht wie neu.

Was du sonst noch mit Einmachgläsern machen kannst, erfährst du auf Seite 39.

211

STARKE STÄRKE

Ist dein Abfluss verstopft, fülle heißes Kartoffelwasser hinein, um ihn wieder freizumachen.

Wenn der Abfluss läuft, aber stinkt, hilft ein Gewürz, das du auf Seite 282 findest.

Lass 20 bis 30 Brennnesselblätter in einem Eimer mit heißem Wasser für fünf Minuten ziehen. Anschließend kannst du mit den Blättern deine Fenster blitzblank putzen.

Zieh unbedingt Handschuhe an, um dich nicht zu verbrennen – auch beim Pflücken!

212 PUTZNESSELN

213 NATRON-NEUTRALISIERER

Streue ein Päckchen Backpulver auf den Boden der leeren Spülmaschine, um schlechte Gerüche zu vermeiden.

Besonders nützlich ist das, wenn du keine hochparfümierten Industrietabs nutzt, sondern dein Putzmittel selbst herstellst (siehe Hack 188).

214 FEST VERSCHLOSSEN

Schmiere das Gummi deiner Kühlschranktür mit einem Lippenpflegestift ein, damit es nicht brüchig wird. So schließt sie wieder richtig.

Du kannst dazu auch Vaseline benutzen.

215

MEHLIGER GLANZ

Streue etwas Mehl auf Aluminiumflächen und poliere die Oberfläche in kreisenden Bewegungen. Danach kannst du das Mehl mit einem feuchten Tuch abwaschen.

Gib der Aluminiumfläche hinterher einen Extraglanz mit Zitronensaft!

Gegen schlechte Gerüche gibst du die Schalen einiger Zitronen in den Mixer und zerkleinerst sie.

Du kannst auch heißes Wasser und etwas Spülmittel zum Durchspülen hineingeben.

216 SPÜLI-SHAKE

217

SCHMUTZ-GELEE

Um dein Frittieröl zu säubern, statt es wegzukippen, kannst du Gelatine in heißem Wasser auflösen und ins Öl geben. Die Gelatine stockt über Nacht und schließt die Rückstände im Öl ein.

Wenn du das gesäuberte Öl wieder verwendest, wird es für einen Moment Blasen schlagen, weil noch einige Wasserpartikel im Öl sind. Das schadet aber nicht.

Benutze eine gebrauchte Zahnbürste, um in der Küche kleinteilige Bereiche zu putzen. Besonders gut eignet sich das für die Kaffeemaschine.

Lege die Zahnbürste am besten vorher einige Minuten in kochendes Wasser.

218 KÜCHEN-ZAHNFEE

219

ROSTKILLER

Gegen Rostflecken auf Armaturen: Knülle ein Stück Alufolie zusammen, tränke es in Cola und reibe damit die Armaturen ab.

Alternativen zur Cola sind Zitronensaft, Backpulver und Essig.

Tee- oder Kaffeeränder auf Edelstahl kannst du mit einem in 200 ml kochendem Wasser aufgelösten Päckchen Backpulver entfernen. Auftragen, einwirken lassen, abspülen – fertig.

Bei hartnäckigem Schmutz hilft es, etwas zerknüllte Alufolie als Schrubber zur Hilfe zu nehmen.

220 STAHLREINIGUNG

221
PUTZKNOLLE

Um eine richtig verkrustete gusseiserne Pfanne zu säubern, halbierst du eine rohe Kartoffel, streust Salz in die Pfanne und reibst sie kräftig mit der Kartoffel aus.

Wenn du keine Kartoffel verschwenden willst, kannst du auch die Unterseite von Kartoffelschalen zum Reiben verwenden.

Verreibe eine Messerspitze Vaseline mit einem Tuch auf deinem Ceran-Kochfeld. Nach etwas Einwirken polierst du sie weg und dein Kochfeld ist wie neu.

Die Vaseline imprägniert die Herdplatten und schützt sie so vor neuen Verschmutzungen.

222 SCHMUTZ-SCHUTZ

NOTIZEN

AHA!

In vielen Fällen lässt sich sagen: Schmutz hasst Säure. Die aggressiven Stoffe greifen viele Verschmutzungen an und lassen ihnen keine Chance mehr. Das kannst du dir für ein einfaches und schnelles Putzmittel zunutze machen: Brühe eine große Tasse schwarzen Tee aus drei Beuteln auf und presse eine Zitrone hinein. Aufgefüllt mit Wasser in einem 10-Liter-Putzeimer kannst du damit die Küche schrubben.

MAKING OF

SCHOKI-SCHLACHT

SIEHT AUS WIE NACHMITTAGS IM KINDERZIMMER, WENN DIE KLEINEN STURMFREI HABEN, DIENT ABER LEDIGLICH PRODUKTIONSTECHNISCHEN ZWECKEN: BEIM KINDERSCHOKI-LIKÖR-HERSTELLEN FÄLLT EINIGES AN SCHOKOLADEN-VERPACKUNGSMÜLL AN ;-)!

BOMBENSPASS!

GAR NICHT SO EINFACH, EINE WASSERBOMBE ÜBER EINEN WASSERHAHN ZU STÜLPEN!

BLÜTE AUF DEM KOPF

UPS, ERST MAL FALSCHRUM FOTOGRAFIERT … SIEHT ANDERS DOCH GLEICH BESSER AUS!

FLASCHENVULKAN

WIR HÄTTEN JA NICHT GEDACHT, DASS ES WIRKLICH FUNKTIONIERT. DER EFFEKT WAR DANN ABER UMSO BEEINDRUCKENDER, ALS WIR MITHILFE EINES BUNSENBRENNERS DEN WEINKORKEN AUS DER FLASCHE GESCHOSSEN HABEN!

KERNGESUND

IN SO EINER PAPAYA STECKT EINIGES AN KERNEN. DER INHALT FÜLLT BEINAHE EIN GANZES BACKBLECH!

SHAKE IT, BABY!

Ab in die Tüte mit den Nudeln und ein paar Spritzer Lebensmittelfarbe dazu:
Selten hat es so viel Spaß gemacht, eine Tüte Nudeln zu schütteln. Naja. Ehrlich gesagt war es das erste Mal.

MAKING OF

SCHLAGKRÄFTIG

AUCH HIER WAREN WIR ERST MAL SKEPTISCH. MIT DEM RICHTIGEN WINKEL UND VIEL KRAFT GING ES DANN ABER DOCH SEHR SCHNELL!

COOLER KOPF

**DEN HACK HATTEN WIR UNS EIGENTLICH ANDERS VORGESTELLT,
ABER ER FUNKTIONIERT SO SOGAR NOCH BESSER!**

WIDERSPENSTIGER TEIG

WIE BEKOMMT MAN DEN EIERKUCHENTEIG IN EINE SPRITZFLASCHE? WIR MUSSTEN LANG ÜBERLEGEN, BIS WIR AUF DIE IDEE KAMEN, EINE SPRITZTÜLLE DAFÜR ZU VERWENDEN.

WARM EINGEPACKT

AUCH WENN ES DRAUSSEN WARM UND SONNIG WAR: OHNE HANDSCHUHE HÄTTEN WIR UNS NICHT ANS SCHÜTTELEIS GETRAUT!

SCHNEEMAN(N)UFAKTUR

WIE AM SÜSSIGKEITENSTAND AUF DEM WEIHNACHTSMARKT: FÜR DIE HERSTELLUNG VON MARSHMALLOW-SCHNEEMÄNNERN HABEN WIR VIEL SÜSSES GEBRAUCHT – UND NOCH VIEL MEHR ZWISCHENDURCH VERTILGT.

UNTER HOCHDRUCK

MIT ETWAS DRUCK AUF DAS EINMACHGLAS BEIM ENTWEICHEN DER LUFT SCHMIEGT SICH DER BALLON LANGSAM ABER SICHER AN DAS GLAS AN UND VERSCHLIESST ES LUFTDICHT. KLAPPT WIRKLICH!

MELONENKORB-MASSAKER

Da haben wir wohl ein bisschen zu viel eingeschnitten: Der Henkel des Melonenkorbs ist bei einem unserer Versuche abgebrochen und hat eine Riesensauerei veranstaltet!

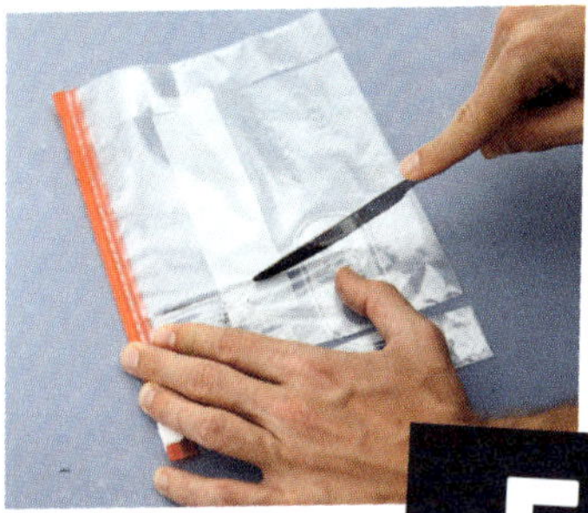

LÖCHRIGE COLA

Eigentlich wollten wir ja ein Messer heißmachen und damit die coolen Cola-Eistüten per Schweißeffekt versiegeln. Gab leider zu viele kleine Löcher … Beim zweiten Versuch mit dem Bügeleisen hat dann alles geklappt!

EIEIEI!

Auch Eier-Ausblasen will gelernt sein …

NO-GO ANANAS-DEKO

Klang super easy und sah cool aus: Dünne Anananasscheiben über einem umgedrehten Muffinblech trocknen lassen als Deko für Torten & Kuchen. In der Realität war's dann doch nicht so der Burner …

FARB-FAIL

Das passiert, wenn du die Farbe beim Osterei nicht richtig durchtrocknen lässt. Also lieber etwas länger warten.

KIRSCHKERN-KATASTROPHE

Auch hier mussten wir uns erst mal etwas eingrooven. Bei der dritten Kirsch hat's dann perfekt geklappt!

MARMELADEN-MATSCH

Bloß nicht zu heiß werden lassen!

FAIL

ABGEFACKELT

Die Orangenschalen möglichst nicht im Ofen vergessen! Obwohl es echt gut riecht …

FAIL

EXPLOSIV!

FAIL

Beim Versuch, die ausgeblasenen Eier mit einer Spritze mit Teig zu befüllen, sind sie im Ofen explodiert! Wir haben daraus gelernt und den Hack umgeschrieben …

FAIL

BITTERSÜSS-KARTOFFEL

Lass die Süßkartoffel im Toaster nicht anbrennen.

FAIL

AUSLAUF-MODELL

Extra für dich getestet, halten wir folgende Weisheit fest: Zieh den Zapfhahn fest genug an, damit keine Flüssigkeit auslaufen kann. Zu fest darf es aber auch nicht sein, damit die Melone nicht kaputt geht.

FAIL

ATEMNOT!

Das war nix! Als wir die Zeitung zu fest um die Flasche gewickelt hatten, funktionierte der Anzündkamin nicht. Es kam einfach keine Luft an die Flammen, die Zeitung konnte sich nicht entzünden.

BUCKET LISTS

Herzlichen Glückwunsch! Du hast dich erfolgreich durch Tipps und Tricks rund ums Essen und Trinken gekämpft. Damit es jetzt losgehen kann mit den Vorbereitungen in der Küche, findest du hier eine Übersicht über alles, was dir den Küchenalltag vereinfacht. Was solltest du unbedingt in Kühlschrank und Gefrierfach haben? Und wie viel von welchem Lebensmittel brauchst du eigentlich pro Person? Ob Vorbereiten, Anrichten, Gerichte strecken oder Feiern – einfach abhaken!

WAS DU IMMER DAHABEN SOLLTEST: ✓

- Tomatenmark: für Soßen und sogar als Ei-Ersatz
- Senf: als Universalwürzer
- Frischkäse und Quark: für Kuchen oder Dips
- Milch: kann zu Sahne und Butter werden
- Eier: für Omelette, Mikrowellenkuchen, Schinkennudeln etc.
- kleingeschnittene Bananen im Tiefkühlfach: für Eis und Smoothies
- eingefrorene Beeren: für Smoothies, Nachtisch, als Getränkekühler
- gefrorener Wein: für Soßen
- eingefrorene Kräuter im Tiefkühlfach

WIE DU DIE PERFEKTE PARTY SCHMEISST: ✓

- eine Gästeliste erstellen
- das Budget einteilen
- genug Getränke und Snacks einkaufen
- die passende Deko besorgen oder basteln
- für die richtige musikalische Stimmung sorgen
- Einladungen nicht vergessen
- den Nachbarn Bescheid geben
- die Hütte abreißen!

WELCHE MENGEN BRAUCHST DU PRO PERSON: ✓

- Hackfleisch: 150 Gramm
- Nudeln (Beilage): 70 Gramm (trocken)
- Nudeln (Hauptgericht): 100 Gramm (trocken)
- Reis: 60 Gramm (trocken)
- Fischfilet: 200 Gramm
- Kartoffeln: 200 Gramm
- Gemüse: 200 Gramm
- Salat: 80 Gramm
- Suppe: 300 ml

WIE ERSETZT DU WELCHE LEBENSMITTEL: ✓

- Kleingehäckselter Blumenkohl statt Reis
- Zerkleinerte Haferflocken statt Mehl
- Pürierte Datteln statt Zucker
- Frischkäse mit Zitronensaft statt Schmand
- Bananen oder Tomatenmark statt Eiern
- Rum oder Mineralwasser statt Backpulver
- Chips mit Joghurt vermischt statt Reibekäse
- Speisestärke und Kakao statt Puddingpulver
- Quark statt Butter

REGISTER

IMMER INFORMIERT, IMMER INSPIRIERT – DIE GANZE WELT VON TOPP AUCH IM NETZ

Webseite

Die neuesten Trends, die schönsten Kreativbücher und die aktuellsten Informationen auf unserer Webseite Schau mal vorbei und stöbere in unserem riesigen Angebot von mehr als 1000 Kreativbüchern, Sets und mehr:

www.TOPP-kreativ.de

Newsletter

Bunt, überraschend und immer aktuell – immer auf dem Laufenden mit unserem Newsletter Noch heute anmelden und regelmäßig Informationen, Tipps und Neuheiten erhalten:

www.TOPP-kreativ.de/Newsletter

Facebook

Werde Teil unserer Communitys Mitstrickzentrale fürs Handarbeiten und Bastelzentrale für die Themen Basteln, Bauen, Dekorieren & DIY. Du findest uns unter:

www.facebook.com/Mitstrickzentrale
www.facebook.com/Bastelzentrale

Digitale Bibliothek

Tutorial-Videos, Plotter-Dateien, Vorlagen zum Ausdrucken, Übungsblätter etc.
Zu vielen TOPP-Büchern gibt es digitale Extras. Schau im Impressum nach (die letzteSeite des Buches): Wenn dort ein Freischaltcode abgedruckt ist, dann besuche die Digitale Bibliothek auf unserer Webseite, registriere Dich einmalig und schalte Deine Zusatzmaterialien frei:

www.TOPP-kreativ.de/DigiBib

Instagram

Live dabei mit ständig aktuellen News aus dem frechverlag. Willst Du wissen, was bei uns gerade passiert und woran wir arbeiten? Dann folge uns auf Instagram. Möchtest Du uns an Deinen Kreativprojekten teilhaben lassen?Dann poste doch gleich ein Foto mit dem Hashtag **#frechverlag** und wir stellen Dein Werk gerne der Community vor:

www.Instagram.com/frechverlag

Pinterest

Neue Bücher, neue Ideen und die Menschen, die sie machen
Du bist auf der Jagd nach den neuesten Ideen und aktuellen Trends im DIY-Bereich? All das gibt es auf den Pinnwänden des frechverlags unter:

www.Pinterest.com/frechverlag

Youtube

Ein Video sagt oft mehr als tausend Worte
Du möchtest neue Techniken ausprobieren, Autoren kennenlernen oder einmal hinter die Kulissen unserer Buchproduktionen schauen? Dann abonniere den Kanal des frechverlags unter:

www.YouTube.com/Frechverlag

WER WIR SIND, WIE WIR ARBEITEN, WAS WIR LIEBEN ...

Folge uns auf Instagram, Facebook und Pinterest, um mehr über uns und unsere Arbeit zu erfahren und immer mit den neuesten Informationen versorgt zu sein.

ALLE NEWS, ALLE INFOS UND ALLE LINKS FINDEST DU AUF WWW.TOPP-KREATIV.DE

BUCHEMPFEHLUNGEN FÜR DICH

Entdecke auch unsere anderen Bände mit vielen Lifehacks

ISBN 978-3-7724-7726-3

ISBN 978-3-7724-7623-5

ISBN 978-3-7724-7468-2

ISBN 978-3-7724-6455-3

ISBN 978-3-7724-7716-4

ISBN 978-3-7724-7745-4

ISBN 978-3-7724-7793-5

ISBN 978-3-7724-7784-3

ISBN 978-3-7724-7826-0

ISBN 978-3-7724-7693-0

ISBN 978-3-7724-7596-2

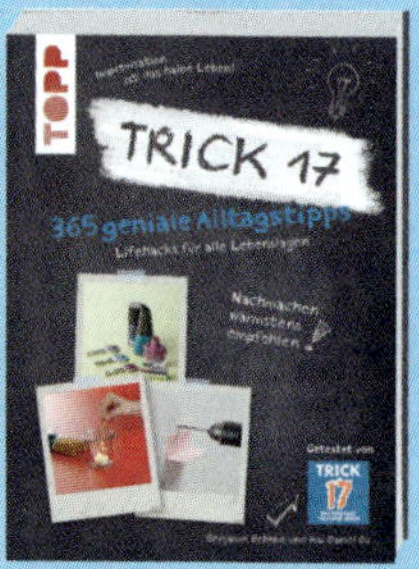

ISBN 978-3-7724-7514-6

Mehr zum Thema Lifehacks findest du auf www.trick17-dasbuch.de

BUCHEMPFEHLUNGEN FÜR DICH

Hier gibt es weitere Lifehacks im Pockezz-Format

ISBN 978-3-7724-7921-2

ISBN 978-3-7724-7922-9

ISBN 978-3-7724-7923-6

ISBN 978-3-7724-7924-3

ISBN 978-3-7724-7925-0

ISBN 978-3-7724-7926-7

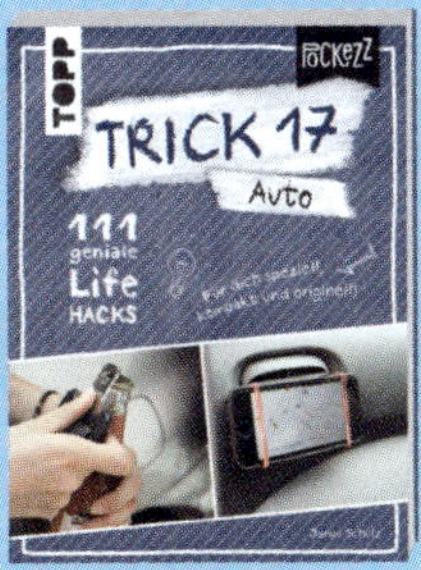

ISBN 978-3-7724-7144-5

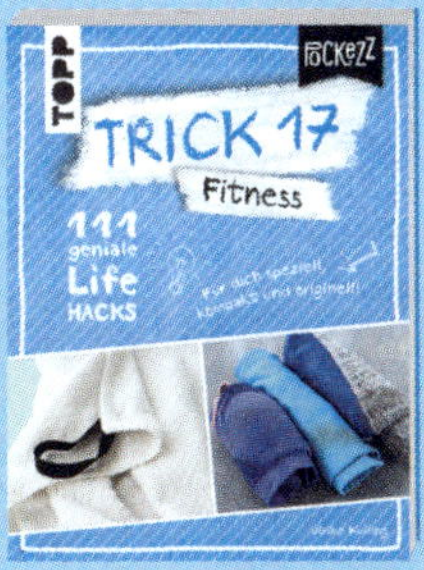

ISBN 978-3-7724-7146-9

ISBN 978-3-7724-7147-6

IMPRESSUM

FOTOS: Fotostudio lichtpunkt, Michael Ruder, Stuttgart
ILLUSTRATIONEN KAPITELAUFMACHERSEITEN: Ludmila Blum
PRODUKTMANAGEMENT UND LEKTORAT: Eva Schrecklinger, Tabea Wiesner
COVERGESTALTUNG UND LAYOUT: Eva Grimme
HERSTELLUNG: Katrin Röhlig
SATZ: Fotosatz H. Buck, Kumhausen
DRUCK UND BINDUNG: GPS Group GmbH, Österreich

1. Auflage 2019

ISBN 978-3-7724-7155-1 • Best.-Nr. 7155